高等院校艺术设计专业精品系列教材

“互联网+”新形态立体化教学资源特色教材

U1011197

包装设计

Package Design

王丽梅　肖　丽　编著

中国轻工业出版社

图书在版编目（CIP）数据

包装设计 / 王丽梅，肖丽编著. —北京：中国轻工业出版社，2022.12

ISBN 978-7-5184-4094-8

Ⅰ.①包… Ⅱ.①王…②肖… Ⅲ.①包装设计 Ⅳ.①TB482

中国版本图书馆CIP数据核字（2022）第148793号

责任编辑：毛旭林 张 晗 责任终审：劳国强 整体设计：锋尚设计
策划编辑：毛旭林 张 晗 责任校对：吴大朋 责任监印：张 可

出版发行：中国轻工业出版社（北京东长安街6号，邮编：100740）
印 刷：艺堂印刷（天津）有限公司
经 销：各地新华书店
版 次：2022年12月第1版第1次印刷
开 本：870×1140 1/16 印张：9.5
字 数：280千字
书 号：ISBN 978-7-5184-4094-8 定价：49.80元
邮购电话：010-65241695
发行电话：010-85119835 传真：85113293
网 址：http://www.chlip.com.cn
Email：club@chlip.com.cn
如发现图书残缺请与我社邮购联系调换
220215J1X101ZBW

前言

随着社会的发展、科技的进步，包装在国民经济中占有越来越重要的地位，与民众的日常生活结合紧密，引导着人们的消费和生活习惯。包装作为一种传播载体，集艺术、科技、文化、观念等因素于一体，同时也受到这些因素制约，并与之互动。经济全球化的今天，包装设计日趋国际化、市场化、个性化，这也给包装设计带来一系列的变化。中国的包装设计在改革开放40多年里取得了长足的发展，逐渐缩短了与国际包装强国之间的距离。本书以此为出发点，对包装设计的发展现状和趋势进行呈现，尤其是对中国当代包装设计取得的成果进行了较深入的介绍，让读者对当代包装设计的整体面貌有一定的认知，使读者系统掌握包装设计的基本理论和知识，了解包装设计的前沿技术和发展趋势，从而遵循生产生活规律和艺术规律进行能动地创作和批评。

本书在编写中从包装设计的“造型—风格—技术—观念—体验”等维度出发，力图以“趣味性包装设计”“国潮包装设计”“智能包装设计”“绿色包装设计”“体验包装设计”五个专题呈现现代包装设计发展样貌，通过“走向国际的中国包装”展现当代中国包装设计取得的成绩。在写作过程中，我们尽量做到三个“并重”。一、基础性与创新性并重。包装设计经过几千年的发展历程，形成了许多富有长久价值的知识体系和设计规律，如包装容器中仿生设计、色彩的文化性、包装图形的具体应用等。这些基础性知识构建起当代包装设计的基石。同时，新材料、新技术、新观念的兴起，也改变了国际国内流行的包装设计风格、信息传递方式等，包装的内涵和外延随着时代的发展而不断扩展。尽力展现出现代包装新风格、新观念、新手段是本书的立足点之一。唯有此，才能体现出时代性和创新性。二、系统性与启发性并重。介绍包装设计现有的知识体系是本书写作的基础，要保证结构的完整性、知识点的全面性与信息的准确性。但对于一些正在发展与变革的设计观念和表现形式，特别是一些探索性、先验性的包装设计方法和表现风格，也要尽力涉猎，给读者更大的思考空间和更多的启发性。三、理论性与实用性并重。现有的包装教材和大部分的教参注重技能的输出，对于包装学术研究成果涉及较少，这部分地降低了包装理论的高度，没有给读者展现出包装设计的研究领域和视野。在本书编写的过程中，笔者大量阅读了近几年的包装理论研究成果，在学者们研究的基础上，尽可能深入浅出地阐释包装前沿理论。同时，为了不让本书显得枯燥，我们选择了大量国内外顶尖设计师和设计机构的包装设计作品来阐述原理，通过对作品的赏析来提高读者理论联系实际和艺术审美的能力，从而激发其创新、创造能力。

在整个写作过程中，参考并引用了国内外有关著作、论文和部分优秀设计案例，感谢各位设计师和设计机构创作的优秀包装作品，为本书提供了大量写作素材，本着教学与交流的目的，用于举例说明，部分作者已在引注和参考文献中列出。由于有的作品联系方式不详，未能一一标注作者，敬请谅解，在此谨向有关专家、学者、设计单位等致谢；同时向包联网、潘虎包装设计实验室、百度、微博等相关平台和网站提供了优秀案例表示感谢；另外，还要感谢美术与设计学院研究生段海洲、赵国良和张琳薇为本书所做大量的图片搜集整理工作；感谢西华大学教务处和美术与设计学院的支持。

本教材适用于高等院校视觉传达设计、产品设计、工业设计等相关专业的课程教学，同时对包装相关专业的从业人员也具有参考价值。鉴于作者的专业水平和实践经验有限，在教材编撰的过程中难免存在不当之处，如有错漏疏忽之处还请广大读者和同行专家批评指正。

编著者

2022年2月于成都

课时安排

建议80课时
（理论50+实践30）

一、理论教学课时安排		50课时	
章节	教学内容	课时	
第一章 包装概述	第一节　包装的时代性	1	4
	第二节　包装的价值	1	
	第三节　中国传统包装设计范式	1	
	第四节　优秀包装设计的评价标准	1	
第二章 趣味性包装设计	第一节　趣味性包装的优点	1	10
	第二节　趣味性包装的设计原则	2	
	第三节　趣味性包装的设计元素	3	
	第四节　趣味性包装的设计手法	4	
第三章 国潮包装设计	第一节　国潮的兴起	1	10
	第二节　国潮包装的设计特点	2	
	第三节　国潮包装的设计语言	3	
	第四节　国潮包装的设计路径	4	
第四章 智能包装设计	第一节　智能包装概述	1	6
	第二节　智能包装的种类	2	
	第三节　智能包装的视觉设计	2	
	第四节　智能包装技术	1	
第五章 绿色包装设计	第一节　绿色包装概述	1	10
	第二节　绿色包装设计的原则	2	
	第三节　绿色包装设计与生产	3	
	第四节　绿色包装的设计策略	4	
第六章 体验包装设计	第一节　体验包装设计的心理基础	2	6
	第二节　体验包装的种类	2	
	第三节　体验包装的设计方法	2	
第七章 走向国际的中国包装	第一节　中国包装走向国际的探索	1	4
	第二节　国际竞赛中的中国包装设计	2	
	第三节　中国包装设计的主体性崛起	1	

续表

二、实践教学课时安排			30课时
编号	**实践项目名称**	**教学内容**	**课时**
1	儿童食品趣味包装的设计与制作	造型——趣味包装的设计原则、设计元素及设计方法	8
2	国潮包装的设计与制作	风格——国潮包装的设计特点、设计语言及设计实现路径	8
3	智能包装的构思与展示	技术——智能包装的种类、视觉设计及实现技术	3
4	绿色包装的设计与制作	观念——绿色包装的设计与生产及设计策略	8
5	体验包装的构思与展示	体验——体验包装的种类及设计方法	3

目录

第一章
包装概述

课前思考

1. 人类历史上最早的包装形式是什么？有什么功能？
2. 包装的功能是否只考虑售前、售中？
3. 怎样让现代包装具备更多的售后功能？

“包装”一词是并列结构，从字面本意来看，“包”有包裹、包扎、容纳的意思，“装”有装饰、样式、填放之意。从设计角度上讲，“包”是用一定的材料把东西裹起来，其根本目的是使东西不易受损，方便运输，这是实用技术的范畴，是属于物质的概念；“装”指审美的修饰点缀，这是指把包裹好的东西用不同的手法进行美化装饰，使包裹在外表看上去更漂亮，这是美学范畴，是属于文化的概念。因此说：“包装”是将物质和文化两种概念合理有效地融为一体。例如，海伦司小酒馆面向酒馆粉丝群体的珍藏啤酒产品包装——海伦司海带珍藏瓶（图1-1），这款珍藏啤酒包装除了具备包装基本的保护功能外，还因“海带”是海伦司对粉丝的有趣别称，于是采用海带造型作为设计的记忆点，将技术和艺术有机结合，以唤起消费者的情感共鸣。

图1-1　海伦司海带珍藏瓶/设计：古一品牌包装设计

包装，作为人类满足生存和生活所需的一种行为，随着人类生产方式的进步和生活水平的提高而不断发展演变，其间凝结着人类认识自然、改造自然的聪明智慧。从原始社会、手工业社会到当下的市场经济社会，包装呈现出不同的特点。它的概念、功能和边界也在不断更新变化。新材料的研发、科学技术的进步、生产力的提高等推动了包装的发展，并使之扩展成为一个与民众生活息息相关的产业。

第一节　包装的时代性

一、包装应用场景的变化

商品所处营销环境随着时代的发展而不断地发生变化，这对包装及包装设计产生了不可忽视的影响，推动包装设计进行创新以适应新的环境。在不同的经济时期，人类对包装的需求是不同的，包装的应用场景随着市场的成熟度在不断地发生着变化。例如，在刀耕火种的原始社会时期，生产力低下，人类的生活资料匮乏，没有多余的生活用品需要交换、流通，包装仅是作为一种概念蕴含于日常生活的器皿之中，满足储存、盛放等基本功能；新石器时期用于盛放和储存的陶器（图1-2、图1-3）就是典型例子，这个时期的包装处于萌芽阶段，其作用限于对生活资料的保护，手工生产方式使得包装形态较随意、粗放且效率低下，不具备现代包装的设计概念，包装材料多采用树叶、藤条、果壳等天然材料而不是人工合成材料（图1-4）。通过竹篾编织而形成简单有效的携带和保护功能的包装形式一直沿用到现代（图1-5）。

原始社会后期、奴隶社会、封建社会从生产力上看都属于手工业社会时期，在这个漫长的历史进程中，人类对自然的探索和改造进入了一个新阶段，生产力水平逐渐提高，不断改进生产用具，可用于交换和流通的剩余产品大大增加，市场已经出现，甚至还出现了职业商人，社会对包装的需求也随之增加，中国人熟知的《韩非子》中“买椟还珠”的故事，在某种程度上生动形象地记录了包装在战国时期发展的状况。以中国封建社会发展为例，隋唐时期是中国封建社会发展的鼎盛时期，唐代长安的城市规划中就有“坊”“市”的明确概念，同时中国与西域之间的交流越来越多，“丝绸之路”和“茶马古道”的开拓架起了中西方的商业交流平台，香

图1-2　鱼纹彩陶盆/图片来源于网络

图1-3　仰韶文化彩陶盆/图片来源于网络

图1-4　传统包装形式/图片来源于网络

图1-5　现代包装形式/图片来源于网络

料、玻璃制品、金属器皿等舶来品一度成为隋唐社会追捧的时尚品。唐代金银器以珍贵的材料、先进的技术工艺造就了诸多造型精美的器皿，其强调器皿的保护功能、艺术价值、审美情趣（图1-6）。到了宋代，形成了一个商业繁华期，商业化的浪潮席卷了整个宋朝国境。史载，宋朝“自大街及诸坊巷，大小铺席，连门俱是，既无虚空之屋，每日凌晨，两街巷门，浮铺上行，百市买卖，热闹至饭前，市罢而收。”这个时期单纯靠简单地利用自然物的特性进行包装的行为方式，已无法满足人类日益发展的生产和生活需求。陶器、青铜器、铁器、麻纸、帛等器物被有意识地应用到物品的包装之中，并加入了生产者自己的设计思维和情感，从而使包装逐渐将物质的实用功能与精神审美需求相结合。现藏于中国国家博物馆的“济南刘家功夫针铺”雕刻铜版，上面有产品名字、标志、广告语，以图文搭配的形式传达产品信息，基本具备了现代包装的要素。有学者认为，其是中国最早的商标广告实物，当然也不排除其印刷出来作为包装纸的可能（图1-7）。

在手工业时代的初期，由于社会分工不明显，市场成熟度不高，人类在生活过程中并没有对包装和日常用具进行明确的划分，包装在相当长时间内被混合在器物和生活用具的范畴之中。随着手工业的不断进步，人类生活水平的提高，产业分工也愈加明显，导致器具的制造上出现了酒具茶具等专用器皿，这也意味着具有传统意义的包装真正出现。因为包装的意义从自然状态进入到了人工状态，并从一般的生活、生产用具中独立分离出来，有了自己独立的范畴。在手工业时代，不同的人群对包装的需求是不同的，同时统治阶级在意识形态领域中占据绝对的领导地位，这给包装打上了深深的阶层烙印。意识形态领域中的阶级观念和宗教观念都规范着设计的功能意识和审美原则。不同阶层由于审美需求和审美趣味的深刻差异，在设计风格上表现为宫廷风格、宗教风格、人文风格、民间风格和地域风格等不同的面貌。虽然这几大风格在同一社会意识形态和生活环境中有内在联系，但在艺术语言和表现形式上却存在着明显的差异。同为宫廷用品，清代的象牙食盒和漆器食盒相比，一个精雕细琢、奢华富贵，一个朴素典雅，在视觉上形成了鲜明的对比（图1-8、图1-9）。

图1-6　鎏金鹦鹉纹提梁银罐（唐代）/图片来源于网络

图1-7　济南刘家功夫针铺雕刻铜版（宋代）/图片来源于网络

图1-8　象牙镂雕提食盒（清代）/图片来源于网络

图1-9　大漆描金福寿双全花卉纹提食盒（清代）/图片来源于网络

工业革命的开展极大地促进了欧洲各国社会生产力的提高，市场经济体制进一步完善，商品的流通呈现出显著的上升趋势，包装设计市场的大幅度成长促进了产品的行销与经销。包装在运输和销售中扮演着越来越重要的角色，特别是19世纪末20世纪初，各种印刷机械的出现与多色石板印刷技术的发明和完善为现代包装的发展奠定了技术基础，现代包装概念开始形成，包装工业链逐步完善，包装产业也得到快速发展。20世纪二十年代在美国产生并在五六十年代开始盛行于世界的自助式销售店（超市）对包装设计的影响十分深远。五十年代美国街头已经出现了琳琅满目的印刷品，同时超市里也被各式各样的产品包装所充斥（图1-10、图1-11）。超市销售方式大量削减销售人员，包装一跃成为“无声的促销员”，这要求包装在设计时要准确、科学地呈现出商品及品牌的信息。由于生活方式和消费方式的变化，消费者的消费观念有了很大的改变，商品从“卖方市场”转变成了“买方市场”，这对包装提出了更高的要求：一方面要全面传递商品信息、提升企业品牌形象、帮助企业实现附加值转化；另一方面要满足消费者多样的需求、维护消费者的利益，这使得包装在设计语言和表现形式上有了极大的发展。

进入21世纪后，市场经济的发展有了翻天覆地的变化——电子商务兴起。B2C（Business-To-Customer）这种新兴的零售模式，改变了零售业的

图1-10　20世纪五十年代美国超市/图片来源于网络

图1-11　20世纪五十年代美国街头/图片来源于网络

市场格局。从线下到线上、线上线下并行等零售模式的改变，给包装设计带来了新的挑战。在网络经济中，终端陈列方式、消费者购物状态与体验、商品查找方式、购买决策依据、物流方式等让包装的设计形式和重心发生了偏移。在商超模式下，包装是消费者看到实物再付费的“售前包装”形式，而在B2C模式中，消费者是通过网页展示出的信息而非包装上的信息来挑选商品，还可以通过比较同类商品的信息以及其他消费者的评价来决定是否购买此商品。而且，从购物行为的发生到消费者见到实物有个时间差，包装属于“售后包装”形式。在商超环境下（图1-12），包装要实现自我销售功能就需要有独特、突出的形象，吸引消费者的关注。但在网络环境中，商品通常是由若干图片或者逐页展示，其构成的“货架背景”相对于商超环境要显得单纯的多，这使得B2C模式中的商品包装，不再需要像传统卖场中的包装那样竭尽所能地增强“货架竞争力”。网络包装的功能回归到了最基本的保护功能上（图1-13）。

图1-12　商超货架陈列效果/图片来源于网络

图1-13　快递运输包装/图片来源于网络

包装的产生和发展与市场经济和社会生产力的状况密不可分，同时作为社会文化的一部分，包装及包装设计具有的时代性特征还表现为每个时代的设计都是这个时代的经济、技术、文化与社会生活的一种视觉反映和审美记录。它见证了时代文化的发展，有意或无意地烙上时代的印记，在造型方式、视觉语言的表达方式上会随着历史时代的更迭而改变。时代精神不断地塑造着包装设计的特征，使包装设计成为时代的产物，呈现出各自流行的设计风格和趋势。

二、包装功能的拓展

包装的内涵和外延是随着商品的产生、变化而发展的，在不同的市场阶段，包装作为一种经济载体被赋予了不同的功能。我国国家标准GB/T 4122.1—2008《包装术语　第1部分：基础》中规定：包装是为了在流通过程中保护产品、方便储运、促进销售，并按一定技术方法而采用的容器、材料及辅助物等的总体名称，也指为了达到上述目的而采用容器、材料和辅助物的过程中施加一定技术方法等的操作活动。

1. 包装的基本功能

不管在市场发展的哪个阶段，保护产品都是包装最基本的功能，就是要使一件商品不受外力的损坏。在包装的发展之初，保护是包装的重要功能。在生产力不发达的原始社会，人类有了剩余产品后，便需要容纳、保护这些产品的用具。而在商业社会，一件商品从制造到出厂，从流通到消费者能够真正使用，其间经历清点、装卸、运输、库存、陈列等环节。包装不仅要防止商品物理性的损坏，如防震动、耐压、防撞击等，特别是鸡蛋、玻璃等易碎品的包装设计必须有防压碎的功能（图1-14）；而且要防止各种化学性及其他方式的损坏，如受潮、变质等；还要预防由外而内的损伤，以及由内到外产生的破坏，如化学品的包装质量不高导致内装物渗漏就会对人和环境造成损害，储运过程中光线、气体、潮湿、高温等外因会威胁到商品的安全。在网络经济时代，许多消费者购买新鲜的花草、水果，如何保护鲜活产品的正常生理活动成了这些网络包装中最需要解决的问题，如苹果的运输包装可通过在纸盒中加入井字格和水果网套使商品在运输过程中不会被损坏（图1-15）。另外，针对那些易燃易爆、有毒等特殊商品，包装本身不仅要能起到防护作用，而且还要使人们从其包装上充分认识到产品的性能，进而引起重视。因此，在设计中要标明危险货物标志和说明性文字，以便安全地进行储运、装卸和使用，避免污染环境，保障人和其他生物的安全（图1-16）。

另外，包装的保护功能还有一个时间和空间的问题。有的包装需要提供长时间，甚至几十年不变的保护环境，而有的包装则可以运用非常简易的方式设计制作，以便容易被分解销毁。在商业活动初期，保护功能是最重要的功能，但随着经济、技术和销售观念的发展，包装被赋予了越来越多的功能，保护功能逐渐成为了基本功能。

2. 包装的实用功能

方便储运和促进销售是包装在商业社会中承载的重要的实用功能。

包装的保护功能与储藏功能密不可分。储藏功能主要体现在两个方面。首先是包装在结构上要有利于整合、储放，如包装箱要有一定的强度，可以使一定量的箱体重叠放置，节约仓储空间（图1-17）；包装的外形与色彩要使储藏时搬运、清点等更加便利。其次是尽管商品的性质、储藏时间与条件不同，包装也要使其在储藏期间不变质、不损毁。运输是检验包装质量的一个重要环节，尤其是长途运输，由于时间长，商品包装面临抗压、震动、温差等外因的考验，而科学的包装可以有效地降低产品的损坏度。基于运输的需要，在包装上发展出了专业的包装类型——运输包装。因为产品形态不同，所以运输包装必须在结构上进行多样化、

图1-14　Avgoulakia鸡蛋包装/设计：A. S. 广告

图1-15　水果包装/图片来源于网络

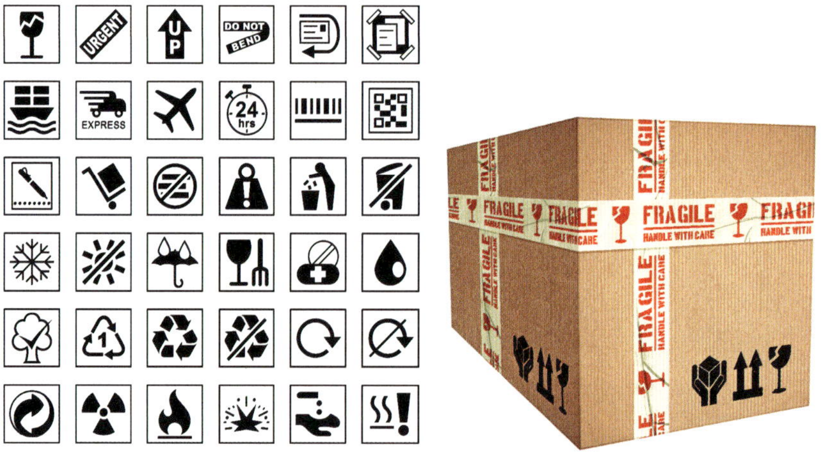

图1-16　包装货运信息标签图标/图片来源于网络

图1-17　仓库里叠堆的包装/图片来源于网络

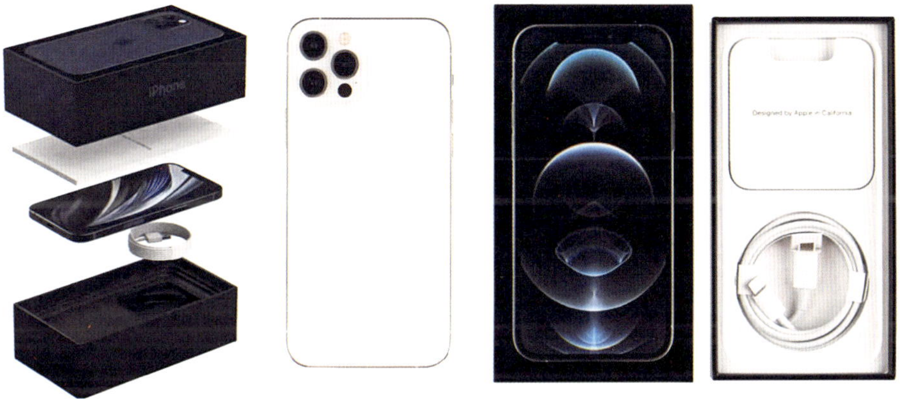

图1-18　iPhone12 Pro及其包装/图片来源于苹果公司官网

多层次的处理，以适合不同的商品运输，使其在保证质量的前提下节约空间与成本。包装的空间方便性对降低流通费用至关重要，尤其对商品种类繁多、周转快的超市来说，如何提高货架利用率，在包装的规格、类型、展示方式等方面要求甚高。同时，设计师也要考虑消费者是否能够比较便利地把商品带回家，在家是否方便储藏和使用商品。例如，iPhone12 Pro的包装盒子在外观及内部堆叠设计上有一项专利，不仅节省空间，方便储存，同时拎起iPhone包装盒上盖，因为大气压力的作用，盒体不是整体摔落，而是缓缓下滑，既保护内含机器不会因意外而摔伤，也在开合过程中简化了开盒步骤，使用户能在开盒的第一时间接触到产品（图1-18）。

在商超市场环境中，由于服务人员减少，消费者的自主性增加，包装的促销功能应运而生，这需要包装一方面准确地传递商品信息，另一方面能够起到吸引消费者关注、激发消费者的购买欲望和产生购买行为的作用。包装的促销功能是建立在包装的科学性和艺术性基础之上的，通过包装设计，把消费者对商品的各方面需求，以独特、美观、实用的外形结构以及图形、色彩、文字编排的视觉形象和

图1-19　万圣节扭蛋机食玩包装/设计：王烨宜、蔡佳吟

图1-20　今麦郎“拉面范”包装1/潘虎包装设计实验室

图1-21　今麦郎“拉面范”包装2/潘虎包装设计实验室

艺术风格表现出来。对于企业而言，包装承载着企业的文化和形象；对消费者而言，包装具有言说性，引导消费者关注商品的各种信息。例如，图1-19所示的儿童食品包装——万圣节扭蛋机包装在设计中就加入了游戏互动的环节，通过趣味性、游戏性设计来吸引目标用户，促使消费者完成消费。包装上的各种视觉元素营造出各种消费气氛，不断对消费者产生购买的心理暗示作用，从视觉体验到心理诱导，包装逐渐实现了其自我促销的功能。

3. 扩展功能

包装在商品流通的环节中是保护商品的一种方法（同时构成了产品体验的一部分）、形成产品成本的因素、改善产品属性和效益的平台、确定地点和最终消费量的辅助因素，也是商品增加附加价值的重要内容。在商品市场化程度很高的今天，包装成为了产品向商品转化的最后环节，其不只是实现物质信息的传递，同时也在实现精神文化价值的转化。在这一转化过程中，审美功能、文化传承功能也随之出现，包装无意识地实现了功能扩展：精美、创新、合理的包装造型，赏心悦目的图形设计，科学、流畅的视觉引导，适宜的色彩搭配，优雅、舒服的视觉肌理和触觉肌理，满足着消费者的内心需求，唤起情感共鸣。包装呈现出来的艺术美感往往能左右消费者的消费抉择。如图1-20、图1-21所示，今麦郎“拉面范”包装用扁平化的图形形象、多样的色彩、活泼的版式表现产品的口味，营造品牌的亲近感。

包装的审美功能能够充分满足消费者对商品的物质与审美文化的需求心理，其以艺术的手法，通过材质、造型、图案、文字、色彩塑造商品的文化风格与品位，树立美观和独特的商品形象，准确、迅速地传达商品信息，美化商品，吸引消费者，提高商品身价与附加值。在审美生活化的今天，包装作为一种审美介质，史无前例地让普罗大众有了亲近美的平台和机会。作为日常生活审美化的重要内容，包装用丰富的视觉形象和表达手段传达出人们对精神和文化生活的美的诉求。在包装设计中，早已存在一些设计规律和范式，如颜色的象征性、颜色与味觉的心理关系等视觉形象表达语言和方式，它们不同程度地反映出包装物的品质和附加值。在崇尚“颜值”的今天，审美的经济属性在包装中有很大体现。

不同时代、不同民族、不同地域、不同阶层、不同信仰的人群有不同的生活习惯和生活方式，对包装的要求和审美也不同。为了满足他们的需求，设计师会针对不同的人群采用不同的设计形式，因此包装成为了丰富人类精神生活、促进文化传播的载体和手段，尤其是在当下，消费者崇尚生活的多元化、个性化和独特化。传统的书法与现代字体并存，传统的水墨、油画与CG插画随行，地域元素与世界艺术语言共生，在杂糅与纯粹中，包装成了文化传承的载体。民族精神、传统文化、地方特色和风土人情在包装这个载体上竞相绽放；同时，商品生产企业的历史与文化在包装上也相继盛开，设计与文化之间互为互动的关系，不断地创造出新的文化表达语言，这不仅因为本质的创造能够源源不断地产生和积淀新文化，而且因为它本身也以多样的方式传承文化。这从中国当下的白酒包装和茶叶包装中可以窥见其发展的轨迹。例如，甲骨文创意设计团队主持的水井坊典藏包装设计，设计师以传世600年的酿造故事为概念，回溯酿造大师探索最佳“酒境”的心路历程，表现出了深厚的美学底蕴和精神境界（图1-22）。

三、包装边界的拓宽

1. 包装有了广告的属性

经过长期的发展，在经济、文化、科学技术、人们的物质和精神需求的整体推动下，包装在保护、容纳层面逐渐融合了广告的部分功能，信息传递增强，“广而告之”逐渐成为一种明确的发展方向，这让包装具有了部分大众媒介的属性。为了实现自我促销，商品的数量、质量、使用方法、生产与保存日期、生产企业以及它们的地址、联系电话、各种相关的生产标准、卫生批号等信息都必须明确地在包装上标示出来；同时，为了表现出商品的特点，商品的形象也会在包装上出现。例如，朵丽米创可贴的包装设计中，生动的创可贴形象跃然于包装之上，其柔软的造型搭配着文字信息的说明，突出了产品透气、亲肤的特性（图1-23）。设计者们在实践中逐渐认识到包装信息的配置具有一定的科学性与规律性，信息按照其重要性应在形象的大小、强度上有所区别，它们应当构成一定的视觉流程引导观众认知、读解。对于一个常规的纸盒包装而言，包装的六个面在视觉传达上的作用是不同的。如夏枯草口服液的主要展示面（图1-24），即面对观众的面，承载着产品名字、产品品类、产品形象、产品品牌等重要的信息，在其他的几个立面上则有产品的基础性、说明性等次要信息。

长期以来，包装非常注重产品或品牌信息的传播渠道，但随着设计观念的变化，包装的广告功能越来越凸显。由于商品竞争的加剧，包装上的信息容量有了新的变化，越来越注重将包装形象与整个广告促销活动的视觉形象联系起来。设计师们开始使用一些与产品销售广告形象有关的信息，如在产品上将品牌代言人或IP形象展示出来。椰树牌椰汁

图1-22　水井坊典藏包装/设计：甲古文创意设计团队

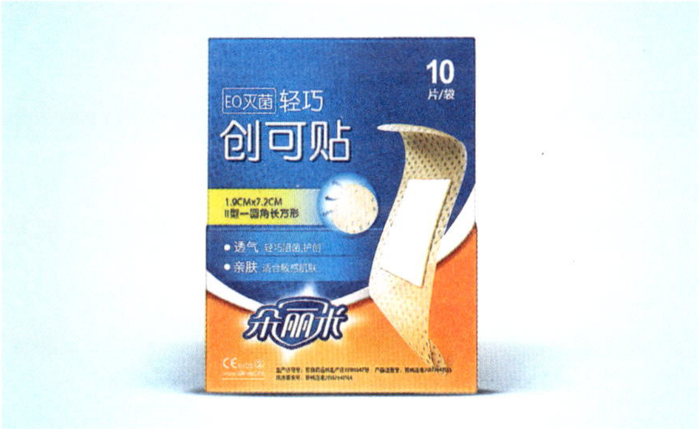

图1-23　朵丽米创可贴包装/设计：东道品牌创意集团

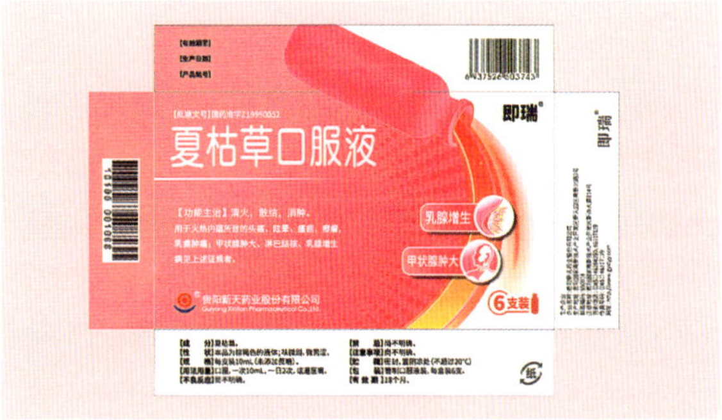

图1-24　夏枯草口服液包装/设计：东道品牌创意集团

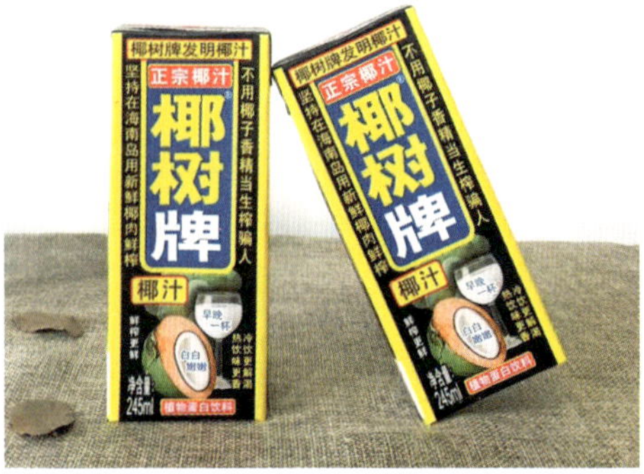

图1-25　椰树牌椰汁包装/图片来源于网络

图1-26　农夫山泉玻璃瓶装水包装/设计：英国Horse设计工作室

的包装设计（图1-25）就打破了传统包装的设计方式，突出了广告方案，形成强大的广告效应，在网络上一度引起了现象级的话题讨论。几十年来，从未改变的是淳朴的包装，以及“正宗”“不加香精”“海南特产”等文字，变的是年份，以及包装本身大胆的撞色设计，这些通通都成了消费者辨别椰树牌椰汁的标志，设计师致力于简单、直接的表达方式，给椰树牌椰汁带来了持续的广告效应。

有的包装甚至还加入了一些公益广告。如农夫山泉就在玻璃瓶装水的包装上对长白山的珍稀动物进行宣传，呼吁民众对其进行保护：将生态环境及人与自然的关系作为设计元素，使用了东北虎、梅花鹿、鹤、松树等图案，充满中国传统艺术色彩，也与农夫山泉强调的“来自长白山的天然好水”概念吻合（图1-26）。

2. 包装塑造了品牌

产品包装的要求早已不仅仅是停留在存放和保护产品的层面上了，今天的产品包装变得越来越复杂，并在品牌传播的过程中发挥着举足轻重的作用。包装为产品提供了一个宣传自己和品牌信息的平台，也正因如此，包装成为产品品牌化的一个必要因素。它通过文字、图像及其他传播手段将产品的属性和优势传达给消费者，同时也将品牌的特征置入消费者的观念之中。包装加强了品牌在消费者心中的形象，并最终使消费者把该品牌与它的竞争对手区分开来。如王老吉的新品“黑凉茶”（图1-27）是特别为年轻消费者定制的“重口味”（浓缩）产品，图形设计上一改传统饮品的老态面貌，

图1-27　王老吉黑凉茶包装/设计：潘虎包装设计实验室

用“五彩斑斓的黑色”加强视觉力量，把时下大多数年轻人喜欢的“互联网风格”的元素融于罐体之上，充满趣味性；特别的六边形12罐集装设计，力度分布均匀，手感轻，便于提拿携带和与他人分享，整个包装塑造出了个性、鲜明的品牌形象。由此可见，包装在行销中的重要性越来越得到凸显。有的市场营销人员在4P组合（产品Product、价格Price、促销Promotion、地点Place）上，加入第5个P（Packaging），将包装视作品牌的“脸”，这让产品包装在品牌定位中即使不是最具决定性的因素，也是影响品牌定位的一个基本因素。随着品牌运作涉及的范围越来越广，包装以及包装设计在品牌形象塑造中的重要性越来越突出，很多国际大品牌，如百事可乐、立顿、嘉士伯等，都非常注重包装中的品牌形象打造，借助包装这个载体使品牌形象深入人心。不过，品牌包装有一定的生命周期，需要定期的评估和更新来保持一个品牌的属性与个性。金龙鱼阳光葵花籽油包装的升级就是一个较为典型的案例（图

图1-28　金龙鱼阳光葵花籽油包装/设计：东道品牌创意集团设计

1-28），在造型上大胆采用流线型的“油滴瓶型”设计，更具有艺术美感的同时也更加符合人体工程学。当一个品牌无法引起消费群体共鸣时，便是对一个产品或产品线进行品牌再造，以扭转不利局势的时候。

第二节　包装的价值

包装在时代的潮流中接受了新的使命，摇身一变作为一种销售性媒介，成为商品实现价值及附加价值最为重要且不可缺失的一个因素，人们也为了商品的象征意义而购买：一方面是消费者自我品位的象征；另一方面又是消费者建立自己社会关系的纽带。这种购买行为更突出地体现了商品附加价值的魅力和作用，包装设计在这里发挥着它最重要且最独特的特性，并成为现代商品生产重要而不可分割的一部分。抛开了包装设计的商品，将无法实现自身价值的全部；被赋予了包装设计的商品，将最大限度地延伸商品各种附加价值的生命力，并使人类在视觉和心灵上获得更多对美的追求和享受。包装的价值应体现在经济价值、美学价值、文化价值和社会价值上。在商品经济高度繁荣和信息传播技术空前发达的当下，包装设计重视经济价值、美学价值的同时，在一定程度上需要对自身的社会价值给予关照。好的包装设计，不只好看、好卖、成本低，还要承载一定的社会责任。

一、经济价值

包装及包装设计发展到今天，形成了分工细致的产业链和庞大的产业群，在国民经济中占据着重要的地位。包装产业是社会经济的重要组成部分，宏观经济与社会发展的趋势都能通过包装产业得到反映。从世界包装产业目前的发展趋势可以看出，后金融危机时期，欧美发达国家在包装国际市场所占份额正在不断下降，而发展中国家特别是新兴经济体的占比正在逐年上升。随着世界各国应对金融危机采取的各种举措，包装产业发展出现了一些新变化，呈现出许多新特征。中国制造业规模不断扩大，已成为名副其实的“世界工厂”和制造业第一大国。包装业是为其他制造业服务的，目前我国也成为全球发展最快、规模最大、最具潜力的包装市场。

从商品的流通环节来看，包装是产品转化成商品的最后环节，在这个过程中包装帮助产品实现了价值；同时，包装设计能够在外观上提高商品的档次，从而部分地提升产品的附加价值。通过包装设计来提升商品的竞争力也是企业很看重的一个方面。就包装设计的过程来看，包装从选材、创意设计、印刷、成型等流程中无一不涉及成本控制。所以，不管是从宏观层面，还是从微观层面，包装的经济价值都是显而易见的。众所周知，山姆森玻璃瓶由亚历山大·山姆森（Alexander Samson）根据女友的裙子形象设计而来，可口可乐公司花费600万美元将其作为可乐包装瓶之后，可乐的销量飞速增长，两年时间内，翻了一倍，逐渐畅销于美国并迅速风靡全世界，带来了数以亿计的回报（图1-29）。

图1-29　山姆森玻璃瓶/设计：亚历山大·山姆森

二、美学价值

伴随着消费需求与消费体验的不断升级，以美学价值为核心的生产要素在产品的价值生产、企业的品牌建设以及产业价值链的提升中发挥着越来越重要的作用，包装即是其中重要的一个载体。包装设计的美学价值体现在它的形式及使用体验唤起的人的审美感受上，消费者愿意为这种美好的体验买单。包装设计作品中充满着设计符号、设计风格和艺术化的表现，符号是文化的标记，风格则是内在精神的外显与传达，标志性的文化符号是一个国家民族精神与民族气质的凝结。设计符号的创新与美学风格的挖掘塑造，能够在全球化的今天直接推动我国产业和品牌的发展。消费者在面对同样的产品、不同的品牌时，包装的美感是唤起人们注意、选择和使用的重要因素。在消费过程中获得美感，一方面来源于包装自身的整体形象所显示的功能和外在形式构成的形式美，另一方面来自人的情感体验。情感体验的超功能性和直觉性使得审美功能以非理性的、非逻辑性的复杂状态出现；同时，它又是通过功能美和形式美的统一完善而得到的。因此，一件包装设计作品审美功能的建立综合了包装的实用性、人们对以往相关包装的使用经验和认识、人们的不同精神需求、消费者萌发的情感认识和审美感受，其本质是对自身的关爱和关怀。例如，1921年，香奈儿5号香水瓶以切割宝石般的瓶盖形态、透明的水晶方形瓶身造型、简单明了的线条在当时强调装饰美感的大环境中脱颖而出。同时，它又有一种微妙与难以言喻的特质，是对女性追求自由及自我认同的一次礼赞，并迅速俘获了大批消费者，从此在全世界畅销90多年。香奈儿5号香水瓶在1959年就荣获“当代杰出艺术品”称号，并在纽约现代艺术博物馆展览（图1-30）。

三、文化价值

包装作为日常生活的一部分，给普通民众提供了一个了解设计活动和设计行为的载体，它不仅提高了人们的生活质量，最终还部分地改变了人们的文化环境、文化氛围及生活方式。包装所具有的文化价值来自它对人类文化的传承与传播，是包装现代性、社会性和文化性的整合体现。在中国的各个历史时期，社会文化观念渗透到包装设计领域，使其浓缩了人类文化和民族文化的风貌，成为文化传承的一部分。例如，在我国酒容器设计中即可推演出中国酒文化的发展历史，即从传统的陶器到青铜器、瓷器，发展到现代晶莹剔透的琉璃器皿及镶金镀银的器型。我国现存年代最早的酒是在信阳罗

图1-30　香奈儿5号香水瓶/图片来源于香奈儿官网

图1-31　商代夔纹青铜器皿提梁卣/图片来源于网络

图1-32　信阳名片酒包装/图片来源于品牌官网

山蟒张后李商代墓葬中发现的，被装在一件夔纹青铜提梁卣内（图1-31），密封得十分完好，这件青铜酒器在一定程度上可以看出商代的酒文化。如今，信阳名片酒（图1-32）的外形就是取自于提梁卣形状。从酒容器材质的这一系列发展中，我们可以看到技术的发展和文化的演进。另外，现代包装中对传统书法字体的应用、国画表现形式的演绎、传统吉祥图案的再设计无一不展示出对文化的创新与传承。例如，旺旺集团曾经推出过56个民族罐盲盒套组（图1-33），以旺仔的公仔为雏形，糅合56个民族的特色装扮。各有特色的民族服饰，被寄予一种民族文化的认同与创新。在全球化的今天，世界文化碰撞、融合，文化发展面临着冲击和重新选择，包装设计成了一种传统与现代、民族与世界交流的文化平台，在这个文化平台中，各种设计语言交叉、融合，演绎出符合当下的艺术表现形式，在传播文化的同时，也引导了新文化的产生。包装的文化价值凝聚着设计师对自然社会和人类文化的认知与体验，面对传统文化的传承和外来文化的吸收、借鉴及转化，呈现出时代的包容性及设计观念的迁移。新时代的设计师应不断地多方位吸收、更新，以建立、健全一个既有民族特色又有时代性的新包装设计文化系统。

图1-33　旺仔牛奶民族罐包装/图片来源于品牌官网

四、社会价值

包装在商品经济中扮演了重要的角色，强化了品牌识别，提升了品牌的竞争力，实现了商品的价值转化，推动了文化的交流和传承。作为一种传播媒介，包装不仅反映着审美的流变，也部分地改变了民众的生活习惯和生活方式。包装的发展与科学技术的进步密切相连，它成了先进科技的表演场，它的发展史也是科技的进化史。为了更好地适应生活，包装针对不同的产品、不同的应用、不同的人群演化出了不同的设计形式。伴随着环境污染以及各类化学品泛滥的社会问题，包装对安全性的重视和规范要求日益升级，并成为生产生活的重中之重；包装设计界开始有意识地结合绿色环保要求，提倡“绿色包装”，注重包装废弃、回收及再利用环节的安全性，以满足民众对健康生活的需要，针对老年人、儿童、残障人士等

图1-34　农夫山泉婴儿水包装/设计：范纯

图1-35　日本每日新闻矿泉水包装/设计：小野义中（Yoshinaka Ono）

特殊人群的包装设计目前得到了广泛的关注和应用。同时，基于使用者的使用体验的包装设计增多，将包装从单纯的形态设计上升至注重使用全过程的系统化设计的高度。例如，农夫山泉婴儿水的瓶型设计中，设计师加入了符合人机的抓手特征（图1-34），并区分了“饮用者”和“使用者”。特有的瓶身凹槽设计，爸爸握大的凸侧，妈妈握小的凹侧，同时也方便单手轻松握住产品。这些设计观念的变化突出地体现了包装的人性化特征，表达了对人类精神层面的综合关怀，使人们能够在设计中体验到精神的愉悦和情感的满足。再如，来自日本的“每日新闻”，将报纸变成矿泉水的外包装（图1-35），使消费者在喝水的同时还可以读书看报，并且为保证新闻的真实性和时效性，还会根据日期不断推陈出新，扩充了三十余款不同的包装，消费者可通过扫描瓶身的二维码在移动端读取详情，这是提醒和呼吁时下年轻人关心社会新闻的巧妙方式，同时也表达了对互联网冲击下纸媒逐渐消亡现象的珍惜之情。可见，包装的社会价值能在一定程度上体现人类文明的进步水平。

第三节　中国传统包装设计范式

一、自然

中国传统包装的“自然”设计范式虽受限于生产力水平和科学技术的发展水平，却真切地体现出人与自然、设计与自然和谐共处的本质，它忠实于传统自然材料的特点，反映自然材料的真实性，由表及里散发着对大自然的热爱。中国古代的人们创造了大量自然、生态的包装，其中一部分流传至今，并对现代包装设计产生了深远的影响，体现了中国传统包装通常就地取材来生产和制作的特点（图1-36）。在材料运用上主要分为两类：一类是木、竹、草麻、藤条、果壳等纯天然材质；另一类是由自然材料制作而成，如陶瓷器、漆器、丝帛等。广大劳动人民深入挖掘自然材料的艺术价值，让材料的自然形态与自己的创作意图完美结合在一起，这正是让包装回归自然的体现，与现代人崇尚的“生态设计文化”不谋而合。中国传统包装在装饰手法和题材上，以大自然为参照，能真实再现自然的形态和色彩。设计者用不同的装饰手段，对自然材料进行加工，实现自然美与艺术美的统一（图1-37）。

中国传统包装中注重“自然”的表达，是本民族民众智慧的体现，是对生活与劳动

图1-36　“橙掌”脐橙包装/设计：深圳市格外设计经营有限公司

图1-37　Paradise饮品包装/设计：上海视觉艺术学院

图1-38　活之釀白酒包装/设计：许燎源

图1-39　金剑南白酒包装/设计：许燎源

的体察，因此，它具有文化性，能让我们感悟到背后的民俗与人文。这种自然的设计更是带有很强的民族特征，它传达了一种民族信念，是本民族健康生活方式的直接表现。中国传统包装的“自然”设计方式集中体现了东方人的审美观，竹编的高洁、陶器的古朴、绿叶的清新，无不充满中华民族文化色彩（图1-38、图1-39）。中国古人所运用的淳朴的自然材质、单纯的民族色彩和大气的器物造型，具有很强的生活气息，这与中华民族富有活力和包容力的民族文化息息相关。不过从现代包装的角度看，中国传统包装在科学性、功能性和信息传播性等方面相对落后，这无疑是与当时较低的生产力水平和生活环境有关。

二、实用

中国传统包装设计本身是为了满足相应的功能需求，在日常生产生活中给人们带来便利、改善生活品质。不同的包装被赋予的实用功能中蕴含了民间设计的无穷智慧。如传统民间物件“木升子”，除了可用来盛装粮食外，它的另一重要功能便是作为测量工具，由于一些地区缺少称量工具，人们便发明出了这

图1-40　木升子/图片来源于网络

图1-41　中国传统普洱茶包装/图片来源于网络

图1-42　“朴木栩生”茶包装1/图片来源于网络

图1-43　“朴木栩生”茶包装2/图片来源于网络

图1-44　竹节杯/设计：自然家设计工作室

一计量方法。木升子造型简单，不加任何修饰元素，由榫卯结构衔接而成，多以中空的四方锥体形式呈现（图1-40）。在使用的过程中，通过木升子被盛满的次数来记录粮食的多少，也因此流传下了“满升”“平升”等民俗术语，如今，木升子在不少农村地区依然使用。在物质匮乏的年代里，这种老物件是普通劳动者们设计智慧的产物，它承载着人们积极的生活态度和一份独有的时代记忆。此处，中国传统普洱茶竹篾包装也是实用设计的典范（图1-41），包装由削成的竹片编织而成，不仅隔味防潮，而且具有较好的透气性，是古时人们为解决长途运输中的承重、散热等问题创造出的生态包装。这种包装形式不仅提高了运输的效率，而且还利于普洱茶在长途运输过程中的自然发酵，使长期封存的茶叶更加清香，陈化得更加自然。由于这种内包装形式优势明显，且低碳环保，所以保留至今，我们仅仅需要在外包装上凸显自己的品牌特色而已（图1-42、图1-43）。

常见的众多传统器物，无论是瓷器还是酒壶，很多都带有植物编制的外套，这类包装紧贴器身，防止器物破损。图1-44是一款采用陶瓷与竹编两种传统手工艺制作而成的茶杯，杯子外观灵感源自宋代诗人苏轼所用的邛竹拐杖，形态符合竹丝扣瓷的工艺特点，能让竹编紧密扣住杯体，不需要使用胶水黏合，长期使用也不会脱落。其实设计有时也不需要考虑包装结构，使用稻草、秸秆之类的材料，随器成型，看似木乃伊的包装却能让瓷器或酒壶从几十米高的地方摔落而不会破损。人们在面临生产生活过程中所遇到的种种问题做出的本能改造活动，是一种基于问题意识的实用性思维表达，是人类设计思想的智慧体现。实用的设计范式为当下“零包装”设计观念提供了参照。

三、质朴

中国传统包装主要是在传统农业劳作模式下形成的设计产物，来源于广大劳动人民日常生活中的点点滴滴，是人们顺应自然、取材自然的朴素造物观的体现，具有天然本真的品质。中国传统包装产品以各种天然、质朴的形式呈现，与现代商业化产品包装不同，传统包装借助于自然生物的样态、结构、功能，形成独具一格的包装形态，就线型包装而言，麻绳、麻线、棕绳、藤条、稻草绳等就是常用的包裹材料，包裹包装的外部形态大多具有朴实、简洁的特点，具有较鲜明的地域性文化特征。例如，粽子就是一个极富创造力的传统包装设计，人们利用粽叶包裹糯米，粽叶轻质、柔软，对米粒起到聚集、保护的作用，经蒸煮制成香浓可口的粽子，还伴着淡淡的植物清香，给人以很好的食用体验。粽叶用完后可以降解，也可以再次利用，整个制作过程将功能与形式相结合，符合现代生态包装的标准（图1-45）。

中国传统包装选取天然材料，彰显自然之美，较少运用繁琐的细节与装饰手段，注重天然材料本身的自然纹理及自然色彩的表现力，传达给人们一种含蓄、细腻、纯朴、典雅的审美气质，包装风格朴素大方，而且几乎不会对环境造成破坏。例如，

图1-45　传统粽子/图片来源于网络

图1-46 “封老爷”茶包装/设计：深圳祥聚源集团

图1-47 干菜包装/设计：梅景芳

2020年IF设计奖的金奖作品“封老爷”茶包装（图1-46）采用方盒式设计，材质主要为天然木片，茶叶用三个普通木盒包装，整体包装兼具展示和实用功能，以自然纯净的方式呈现茶源干净优质的生产环境。为了表现包装的质感，用汉字和印章作为装饰，阐述产品的故事和概念。传统茶包装中，多采用手写书法文字，利用书法文化的艺术之美，向消费者展示茶产品的品质和特点。

在包装形式上，包裹、捆扎等方式成为了中国传统包装固有的表现形式，通过设计者匠心独特的构思，不仅在人们日常使用时带来方便，同时更让人们品味到乡土设计的质朴风情（图1-47）。

四、生态

中国传统包装设计顺应材质的自然生长趋势，强调天然去雕饰的表达方式，在尊重材料本质特征的基础之上，对其加以合理利用，将材质的效用做到了最大化的发挥。这些中国传统的植物材料无论是在加工制作的过程中，还是在消费者使用产品以及使用后对包装材料处理的过程中，都不会给生态环境造成破坏。

同时，中国传统包装充分体现了人与自然和谐共处的思想观点，更能体现出人类在生产生活中的创造力。中国古代盛装衣物的“樟木箱”，是女子出嫁必备的嫁妆，

图1-48　生态包装1/图片来源于网络

图1-49　生态包装2/设计：凌云创意

香樟木这一自然材质可以散发出特有的香气，同时具有驱霉防潮、防虫防蛀等实用功能。用香樟木这一材质制成的箱子可保证产品拥有较长的使用寿命，因此减少了产品更换带来的材料和资源浪费，这种追求高品质的设计理念也是绿色可持续理念的较好体现。中国传统包装的选材充分考虑材质本身的优良特性，不仅对于材料本身的功效特征有较好的理解和应用，同时根据其形态、质感等物理特征，衍生出相应的实用功能设计，在人文上体现出“天人合一”的宇宙观。

第四节　优秀包装设计的评价标准

现代包装是商业文化的产物，包装及包装设计的发展体现了一个时代的审美趋向和潮流，也体现出科学技术与生产能力的进步水平，从国际型包装设计竞赛的评选标准中，我们总结出业界对包装功能与价值的具体要求。

世界包装组织（WPO）成立于1968年，是为包装行业的共同利益提供服务的全球性组织。世界包装组织的口号是“改善包装，提高人们的生活质量”。由其主办的“世界之星”奖的目的在于宣传和引导包装设计的发展方向，可以说，该奖“凝聚了当今世界顶级设计师的创意精华，强调设计创新在当今全球范围内展现出的发展态势，注重包装设计作品的创新性、商品化、服务性、环保性等理念，让更多的人了解和关注全球包装设计领域的现状和未来的发展趋势”。其评选标准（图1-50）如下：

对包装设计优劣的评价即是人们根据一定的价值标准对包装有无价值、价值大小的评估与认识。“世界之星”奖制定的十条评选标准，涉及从多个层面对包装设计价值的评价，既要求具有“保护和保存性能”“开启方便、使用安全”的基本功能，又必须具备“平面设计美观大方”“包装制作精美”等审美价值；还必须有“节约材料，降低成本”“有利于环境保护，可回收”，要求“材料源于产品所在地”的生态环保意识。解读“世界之星”奖的十条评价标准时，我们发现：标准的制定本质上都是围绕价值本体——“人”的需求而层层展开，涉及包装与人、自然、社会三者之间的和谐关系，共同构建起包装设计的本体价值。对其层次关系的架构如图1-51所示。

图1-50 “世界之星”奖评选标准/图片自制

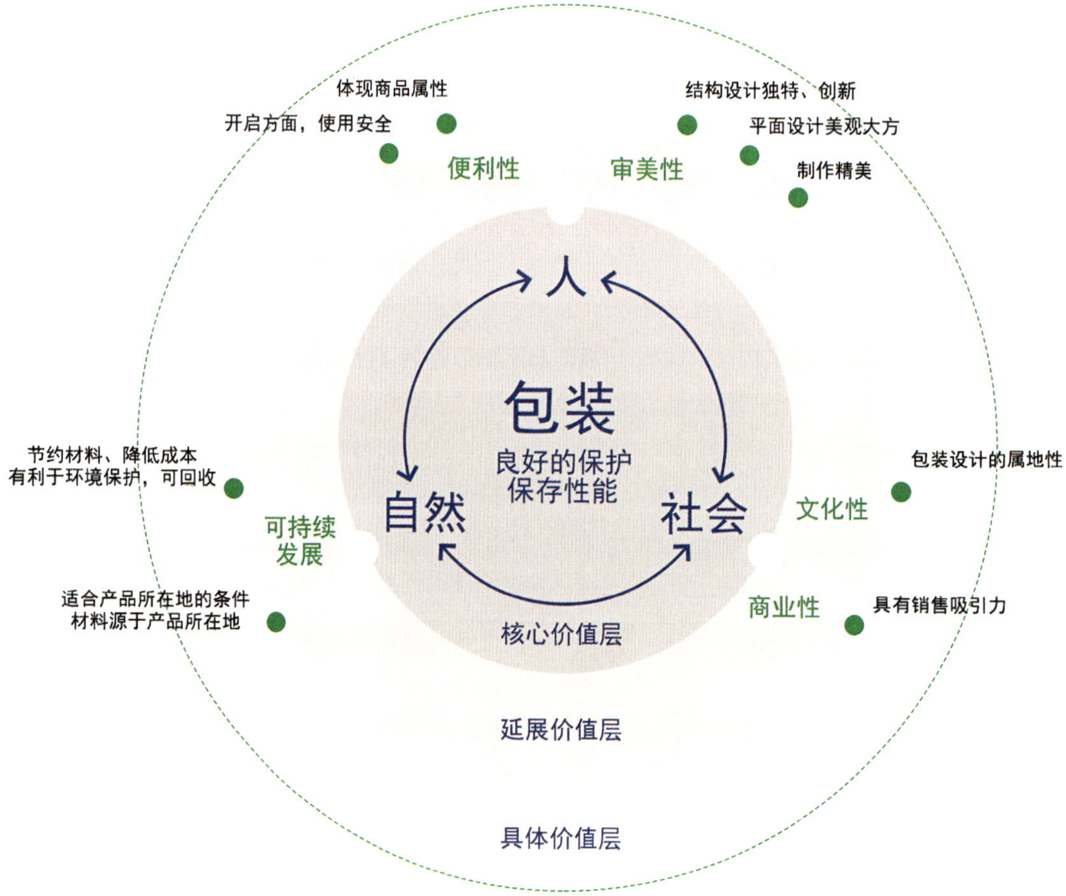

图1-51 包装与人、自然、社会的关系

“世界之星”奖的评选标准对当下国内包装设计界的意义不仅仅是一项设计赛事的参赛要求，对其评价体系的解读更能使我们感知到包装在当代环境中的价值转化，如何延续包装既有的功能特征，又能反映丰富的时代诉求，使我们在面对目前包装设计中存在的“过度”或“粗劣”等“无序”问题时，重新探知包装设计的本体价值，进一步确立当代包装设计的依据与标准。同时，优秀的包装设计应集这些价值于一体，从各个角度满足人与社会不同层面的需求。

课后实践

实践题目：市场调研报告——收集自己喜欢的包装设计作品，并分类整理，总结出不同行业的包装共性及个性。

考核要点：1. 不同行业、不同属性的包装设计共性提炼是否准确?

2. 不同行业、不同属性的包装设计个性提炼是否准确?

第二章
趣味性包装设计

课前思考

1. 提到趣味，你首先会想到哪一个产品的包装设计？
2. “趣味”是否只体现在包装的视觉设计上？
3. 你认为什么样的包装称得上是趣味性包装？

从字面看，“趣味”是指使人开心和快乐；从广义的层面看，趣味包括两方面的所指：一是意味，二是审美鉴别的能力。趣味性中的“趣”同单调、贫乏是反义词，它与“俗”“板”“呆”等相对立。“趣”是机智、机灵、活泼，具有自由品性、不拘泥于俗套，表现出了新鲜的活力和自由创造力。趣味性设计更多地偏向于反映趣味，即对设计的直接感性反应，这种直接的感性反应是一种愉悦、快乐的形式。在形式上，能够短时间迅速地吸引人的注意；在功能上，能够创造令人愉悦的使用体验。现代消费者对产品的消费比以往更加追求趣味与文化，仅以基本功能为主的产品包装已经无法满足人们的这一需求，因此包装设计的趣味性在产品的销售过程中就显示出独特的优势，它更适应了现代人们的消费心理转变，毕竟在生活节奏日趋加快的当今社会，人们在忙碌的工作和生活压力之余，希望在物质消费的过程中，通过趣味性的感受去化解和消除疲劳与压力。

第一节　趣味性包装的优点

一、增加商品的吸引力

现代营销学之父菲力普 · 科特勒（Philip Kotler）说：“包装设计中的情感诉求是指通过富有人情味的平面图形、图像及色彩等多种表现形式，满足、适应消费者的心理需求，激发消费者的情绪、情感，进而使之萌发购买动机，实现购买行为。”趣味性的包装设计与消费者求新求异的心理相吻合，在产品的包装造型、装潢设计、结构设计等方面富有情趣，可以很好地增加商品的吸引力。对于商品来讲，它们具备的物质属性需要被人格化，以增加消费者的认知和接受度。趣味性包装通过艺术设计手法来表现商品某种特定的情趣和愉悦，使包装富含情感色彩，或者天真浪漫、或者高雅含蓄、或者幽默滑稽、或者可爱生动、或者质朴自然。而且趣味性包装设计在造型方面，大多运用个性鲜明的卡通动物、人物或变形夸张的图案等设计元素，让商品富有个性和吸引力。

例如，Sur la mer婴幼儿护肤品包装是一款为婴儿定制的洗护用品包装设计（图2-1、图2-2），设计师将鱼雷、航标、波浪、浮球、海军服等进行卡通化设计，高饱和度的色彩搭配、活泼可爱的造

图2-1　Sur la mer婴幼儿护肤品包装1/设计：奥尔加 · 塞雷达（Olga Sereda）

图2-2　Sur la mer婴幼儿护肤品包装2/设计：奥尔加 · 塞雷达（Olga Sereda）

图2-3　泰国4 Life矿泉水包装1/设计：Prompt Design（泰国设计公司）

图2-4　泰国4 Life矿泉水包装2/设计：Prompt Design（泰国设计公司）

型都将增加对婴幼儿的视觉感官刺激，吸引目标消费群体的注意力。

泰国矿泉水品牌4Life推出了一系列全新的包装（图2-3、图2-4），传递生态意识，强化了纯净水源与大自然的关联。在细长的瓶身上，一道道蓝色的条纹平铺开来勾勒出水波之美，蓝色的线条之间加入了与水息息相关的各种动物：会游泳的老虎、爬行的鳄鱼、飞翔的火烈鸟、悠然自得的水獭……它们在水中自由地游弋，不时激起层层涟漪。每个瓶子都有其不同的动物和不同的水波特性，这是各种动物和水源之间美好的相处方式，画面虽然简单，却很生动地看到了动物们在水域中生活的状态，时刻提醒着人们：当我们在饮水解渴的时候，不要忘记，动物也依赖着水源才能生存，干净的水源是多元物种共同生存的根本。

图2-5、图2-6是一款泰国T恤衫的系列包装设计，乍一看，还以为是摆在生活超市里的面包、卷心菜、牛肉、汽水的包装设计，让人出乎意料的是这些写实逼真的食物图案居然是被印刷在T恤衫上的图案，这种陌生化的设计别具一格，让人眼前一亮。

图2-5 T恤衫包装1/设计：Prompt Design（泰国设计公司）

图2-6 T恤衫包装2/设计：Prompt Design（泰国设计公司）

二、增强情感体验

趣味性包装设计主要是通过富有创意、独具个性的艺术手段和形式，在包装的画面、结构、肌理、触觉等方面创造出使消费者快乐愉悦的审美体验的设计。这就要求设计师充分研究和了解消费者的心理以及大众的喜好，并从消费者良好的消费体验和情感角度考虑，在包装形式上采用仿生、色彩再设计、拟人、夸张、变形等表现手法，使包装设计个性鲜明，充满风趣和幽默感。例如，为了让中国孕妇喜欢并关注“谜思唐”这个新创立的燕窝品牌，设计师针对女性怀孕后身体的一些变化特点进行了图形创意设计。B的意思可理解为漂亮（beautiful）、更好（better）和宝贝（baby），把字母B设计成孕妇身体在不同时段变化的样子，孕妇看到它时就会产生情感共鸣（图2-7）。

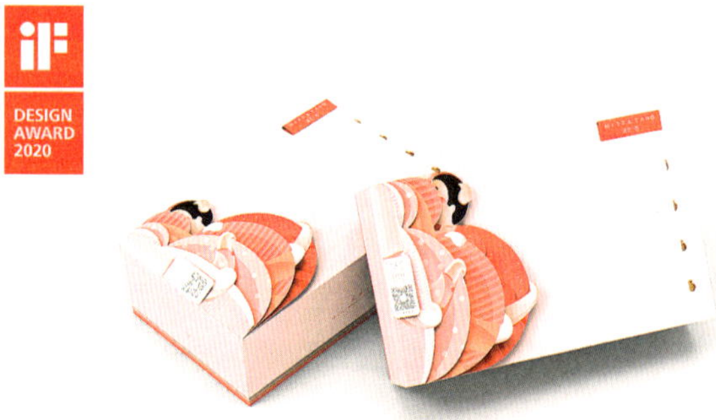

图2-7 谜思唐孕妇即食燕窝包装/设计：景宽设计工作室

在设计风格方面，趣味性包装设计风格大胆自由，不拘泥于传统，改变了过去包装设计中呆板单一的表现形式，使得设计色彩鲜明、图案线条夸张，表现出设计师鲜活多变的创造力与丰富精彩的想象力，并赋予商品鲜活的魅力。趣味性包装设计以其独有的视觉魅力，使消费者在购物过程中获得内装产品信息的同时还能得到愉悦的享受，让消费者通过包装与产品进行互动，产生情感共鸣，进发出幸福感、快乐感。包装的趣味化设计继承了很多后现代主义语境下的设计语言，使原来以物为中心的设计模式回归到以人为中心的设计主线上，着眼于消费者内心的情感需求，利用自身的亲和力来加强商品与消费者之间的情感交流，创造出令人快乐的包装，使消费者获得内心愉悦的审美体验，其最终目的还是使包装充满个性，刺激消费者的购买动机，达到最佳的销售效果。例如，这款名为Goodbaby的小儿氨酚黄那敏颗粒的包装设计（图2-8），改变了传统药品的图案设计及外观，将天真烂漫的小朋友形象卡通化，并赋予幽默诙谐的感冒后擦鼻涕的可爱动作，使产品与人进行

图2-8　Goodbaby儿童感冒药包装/设计：华润三九医药股份有限公司

图2-9　西凤“孔雀开屏”酒包装/设计：柏星龙创意包装

有效互动，产生情感共鸣，从而突出产品能够减轻感冒后的不适感，带来轻松的愉悦感和快乐感的特性。

三、提升个性化表现力

趣味性包装设计作为实现个性化设计的重要途径，有利于准确、适度地把握情趣，针对特定的目标消费者设计不同的个性化产品，最大限度地满足消费者的心理需求，而在尊重消费者情感的同时，其还重视个体差异性，宣扬个体独特性。从人自身的发展可以看到，人们在经历了物质满足、情感满足后，接下来要寻求的就是个体独特性的满足。趣味性包装在艺术手法上常采用拟人、夸张等方式来进行创作，让人们在感叹设计巧妙的同时发现产品的趣味和独特。拟人赋予商品以生命，夸张则在一定程度上表达了幽默感，它打破了事物矛盾对立面的力量平衡，通过加强和夸大矛盾的一方，使整个事物具有鲜明的倾向性。例如，西凤开屏酒以孔雀造型为创意出发点（图2-9），将孔雀开屏的优美姿态与盒型的开启方式巧妙融合，盒子开启的一瞬间形成孔雀开屏的姿态，自成一种优雅的韵味。这些个性化的设计手段是通过把事物的特征推向极致从而造成经验与事实的不协调来强化喜剧效果，与实际生活中的形态形成鲜明对比，都会让人在诧异中获得不一样的趣味，给消费者异乎寻常的视觉冲击及享受。同时，商品与商品间的差异性也因此得到了体现。

图2-10是美好火腿肠的一款包装设计，设计师将产品的外形与图案进行夸张、有趣的设计，拉长了猪、鱼、鸡等动物的身材比例，创造出让人记忆深刻的动物形象，从而提高产品在货架上的吸引力，在很大程度上突出了品牌个性。

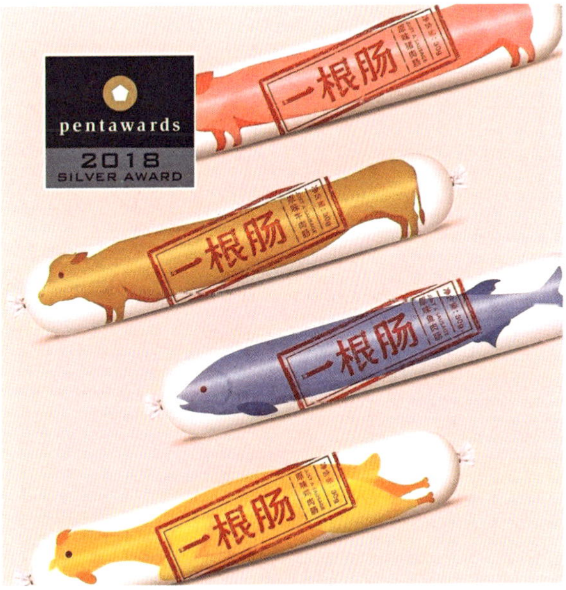

图2-10　美好火腿肠包装/设计：刘美新、关晨超

第二节　趣味性包装的设计原则

一、构思巧妙

趣味性包装设计要想创造出幽默风趣的视觉效果，需要在创意构思的阶段就“标新立异”，以巧妙的想法将商品的属性传递出来。这要求设计师运用创造性思维，对包装主题反复提炼和精心策划，将所掌握的有关包装信息的符号元素转换成消费者认同的形象，重新赋予其独特、新颖、有趣的意义。为了成功地演化包装战略，包装设计人员要具备创造性思维的潜在素质，不断激发直觉和创造力，以较高的审美敏感和扎实的表现技能，提高趣味性包装的情感品格。正如斯蒂芬·贝莱（Stephen Belle）所言，“趣味是设计产品中最人类化、最直接、最能引起人们兴趣的因素。”在艺术设计中，有趣的作品能吸引人的视线，产生视觉冲击力，达到信息传达的目的。

设计的多元化为包装的“趣味性”提供了施展空间，包装设计的趣味性具有差异性和独特性的特点，这在很大程度上是人们求新求异本性的反映，所以产品的趣味性设计需要打破常规的思考模式，营造意外和惊喜，这样做往往能够与同类产品拉开差距，形成个性，强烈吸引消费者的注意力。当然，这里的差异性和独特性不是不顾目标群的现实状况而哗众取宠，为奇而奇，而是要深入挖掘目标群体的内心情感世界，洞察目标群体的价值观及其变化，同时利用由技术创新和理念创新带来设计上的创新，使人产生耳目一新的趣味性体验。例如，图2-11是卡带粉底盒的包装设计，设计师利用仿生学概念，以八九十年代的卡带为创意灵感，还原怀旧复古的风格，使每一个粉底盒都有属于自己的一段鲜活记忆，为产品增加了许多趣味性，从而深深吸引和打动目标群体，引起情感共鸣。图2-12是一款洋酒包装设计，也是运用同样的设计手法实现情感体验，音乐加美酒，确实能让人放松不少。

图2-13、图2-14，这类包装设计作品在图形与产品本身的属性、使用效果、肌理、色彩等设计元素的部分或整体进行巧妙的结合，创造出了幽默风趣的视觉效果。这类有趣的设计作品以富有创意的表达方式，更容易吸引消费者的视线，产生视觉冲击力，树立鲜明的品牌个性及特色。

二、形态新颖

趣味性包装设计追求新奇独特的视觉享受。关于包装设计中的“趣味性”，有80%以上的人的理解，首先就是新奇与独特，可见追求新奇经验几乎是我们共有的心理需要。一般可以从打破常规、塑造个性等方面来创造形态上的趣味性。这类包装以“新奇”为前提，“趣味”为结果，通过新奇创造出一种幽默滑稽的视觉效果。奇、趣的滑稽效果可以很夸张，打破常规，甚至有时会变得怪诞。奇趣的构

图2-11　卡带粉底盒包装/设计：柏星龙创意包装

图2-12　凯歌香槟酒包装/设计：路威酩轩集团

图2-13　WHAT'S THE TIME手表包装/设计：科勒吉创意机构

图2-14　Mr. Green厨房用品包装/设计：新马克设计公司（SGK）

图2-15　ALL ABOUT SHEEP羊奶粉包装/设计：L3品牌推广

成原则是陌生化、超现实化和异化。它的表现为异乎寻常、出其不意。带有奇趣性的包装给人新颖独特的感受，新奇、个性的对象可以很容易吸引人的视线关注，激起人们的兴趣和好奇，也容易给人带来愉悦的意趣。例如，羊奶粉在中国市场是一个相对新的品类，市面上的羊奶粉包装多数和牛奶粉包装近似，消费者无法快速辨别，只能拿起来仔细去看标签上印的是牛还是羊。ALL ABOUT SHEEP羊奶粉包装放弃了常规的设计思路，将整个包装设计成羊的造型，并选择了抽屉结构，抽屉的封套成为羊毛，抽屉自身成为羊脸和身体，抽屉的拉手则是小羊的“呆毛”，封套边缘模切出羊的耳朵，就这样通过纸盒结构的微微调整，让盒子变成一只方形的小羊（图2-15）。封套选用棉质纸张并以压凹工艺呈现全部信息，以凹凸的文字、图案模拟羊毛的肌理，此外字形和图案贴近西方装饰花纹，符合高端进口的定位，贴合高知女性审美，看起来安静优雅，也可以融合任何家居和办公环境。

图2-16至图2-18是一款名为RE: STAR的胶囊能量饮料包装设计。消费者如果需要为一场长时间的音乐会储备额外的能量，但又不能把饮料偷偷带进去，那么这款饮料就成了最佳的解决方案。设计成小巧便携的胶囊，是享受能量饮料的全新方式，藏在里面的浓缩糖浆能给消费者带来一整晚的能量，只须将其与起泡水混合，就可以直接饮用。

RE: STAR的双面胶囊安全且易于使用。如果底盖打开，一层箔纸可以防止糖浆溢出，把胶囊拧到瓶子上，摇动它，剩下的就是打开顶帽，享受产品提供的能量了（图2-17）。RE: STAR能量饮料的主要理念有两点：第一，使其可重新密封，这是一种选择；第二，为其添加“音乐风味”。该系列包括4种主要音乐类型的产品：摇滚、说唱、流行和爵士乐。每个瓶子都选择一位知名的公众人物为代表，其形象是设计的一部分。每种口味都有单独的色彩设计板，这样更容易区分顶部的樱桃是说明书，以图形的形式呈现在包装背面，更易于阅读（图2-18）。

图2-19是一款专为狗狗设计的橡胶玩具，用于狗狗的咀嚼、训练等，将超人形象与玩具造型、气味与色彩巧妙结合，活泼可爱，也寓意每位主人都是超人。

图2-20展示的包装将船与罐头相结合，船体为罐身、船桨为勺子，展示出设计师打破常规、追求新奇的设计思路。

三、双向互动

包装设计是为人服务的，是人性化设计，它需要情感的交融。设计师要把握好包装设计中商品属性和趣味性设计的关系，不是所有的商品设计都可以套用趣味性元素来达到娱悦身心的目的。恰到好处的趣味可以为包装增色，而不合时宜的趣味只能让消费者反感。趣味性来源于生活，设计者要善于洞察生活，发现生活中的趣味性元素，根据商品的特殊性和功能，运用恰当的设计表现其趣味性，最好兼顾商品的功能与特点、形态美与结构、消费者

图2-16　RE: STAR胶囊能量饮料包装1/设计：波琳娜·亚努什科（Polina Yanushko）、瓦季姆·邦科夫（Vadim Bunkov）

图2-17　RE: STAR胶囊能量饮料包装2/设计：波琳娜·亚努什科（Polina Yanushko）、瓦季姆·邦科夫（Vadim Bunkov）

图2-18　RE: STAR胶囊能量饮料包装3/设计：波琳娜·亚努什科（Polina Yanushko）、瓦季姆·邦科夫（Vadim Bunkov）

图2-19　宠物玩具包装设计/图片来源于百度

图2-20　AKan罐头包装/设计：上海视觉艺术学院

的心理承受能力、商品的实用性以及商品和消费者之间的互动，在商品具有良好实用性的基础上选择合适的材料、形态、图案、色彩等设计语言，用幽默、谐趣的表现手法传达出趣味性，给消费者带来良好的视觉效果。

人们在使用包装时，行为动作的选择性越强，人与包装的双向互动关系则越强，互动性越强则趣味性越强。我们比较一下套盖盒和抽拉盒的行为（两盒各有自身特色和功能，这里仅以行为动作的多样选择性为例）。套盖盒的动作流程是：启、取；抽拉盒的动作流程是：拉、取/抽、取。两者对比发现抽拉盒相对套盖盒多了一个可选择的动作流程，这样打破了套盖盒单一、单向的动作流程，使人们在包装使用过程中由于具有行为动作的多种选择性而获得好奇感，使原本单调的使用过程变得富有趣味。趣味性设计的表达具有很大的灵活性，设计师在进行趣味性包装设计时，必须从现实出发，把握好商品和“趣味”之间的关系，实现两者的互动，这样设计出来的趣味性包装才能称得上是成功的设计。例如，T House茶叶包装通过变形和收缩可以变成不同的形状。产品的每个小三角盒都可以装一个茶包，当茶叶盒变形到最大时，中间则可以稳定地放置杯子。该设计实现了茶叶盒的最大化利用。包装盒上的图案运用基本几何元素的切割效果，设计中的鲜绿色和深红色表达了产品的理念。这款产品包装的设计理念不同于传统形式的茶盒，可以变成玩具，十分有趣（图2-21）。

图2-21　T House茶叶包装/设计：甲古文创意设计

我们再来看一看小米有品为正大午餐肉所做的改良包装设计。小米有品希望为产品开辟一条新的

图2-22　正大食品“吃肉”午餐肉包装/设计：小米有品

图2-23　正大食品“吃肉”午餐肉包装/设计：小米有品

线上销售渠道，通过改变原有产品的包装设计，吸引线上消费者的主要人群，从而实现品牌传播和销量增长（图2-22）。重新设计后的包装视觉形象不同于传统的午餐肉包装视觉形象：正面清晰地表达品牌，以醒目的粉红色和纯黑色形成对比；汉字“吃肉”是口语表达，用同构手法融入“猪鼻子”形，突出肉含量高的产品卖点，带给消费者即时的满足感；背面的“猪鼻子”作为“超级符号”来打造。在增加产品识别度和记忆点的同时，该包装希望消费者在看到产品并与之互动时会微笑，在社交平台上分享有趣的时刻。因此，包装不仅是保护产品、传达品牌的容器，更是带来欢乐的“趣味品”（图2-23）。

图2-24中，Puffin Kids儿童用品包装也是将生活中的趣味游戏融入到产品设计中，通过游戏的方式将趣味性升级，在实现了产品本身的使用功能以后，还能增加生活的情趣，达到身心的愉悦和放松。

图2-25中，NORD STREAM黄油包装力图让消费者参与到设计师的构想之中，巧妙地运用包装盒正面镂空的浮游生物形象与水纹的正负构成关系，用动态、谐趣的表现手法传达出游动的趣味，消费者拉动内容物的时候就会发现慢慢游动的鲸鱼。

图2-24　Puffin Kids儿童用品包装/设计：PuffinKids工作室、廖杰

图2-25　NORD STREAM黄油包装设计/设计：耶尔娅·彼得罗夫斯卡娅（Jenya Petrovskaya）

第三节　趣味性包装的设计元素

在琳琅满目的包装产品中，当消费者看到趣味化的包装，会仔细端详，这时商品信息便在快乐、轻松、谐趣的气氛中传递。现代包装视觉信息设计中表达手法丰富多样，可以是富于戏剧性的情景场面，也可以是荒诞而新奇的视觉感觉，还可以采用超乎常态的夸张手法，使得平凡的事物富有趣味性。包装上的图形、文字、色彩、造型等设计元素，是传达包装视觉信息的主要手段，包装视觉信息设计也正是利用设计元素对包装造型的外表加以设计和装饰，有效地起到促进商品销售、宣传商品信息的作用，这些设计元素也是实现趣味性包装的重要载体。

一、图形

商品包装上的图形是包装设计的重要组成部分，也对传达产品信息具有十分重要的作用。消费者通过图形可以了解产品的属性、产品的质量、产品的功能、产品的特点等。图形是区别其他同类产品的表现手段之一，并能给消费者留下深刻的印象，提升产品身价。图形作为元素对设计产生的影响，一是图形本身的影响，二是通过其内质产生的影响。图形可分为具象图形、抽象图形、装饰性图形，一般视包装设计要求选择图形类别进行设计。图形的表现手法有插图、摄影图像、电脑合成等。其中，插图的风格有数百种，形式也都各不相同，绘制方式可以采用剪纸、拼贴，可以采用绘画或素描等传统方式，也可以使用电脑绘制或合成（图2-26）。从简洁的线条到精细的彩绘，不同风格的插图表达了独特的品牌个性和不同的商品属性，并以不同的

图2-26　Eat whatever you want食品包装/设计：柏星龙创意包装

方式来传达各种信息。摄影图像的风格同样数以百计，它给人以真实感，亲和力倍增（图2-27）。一般在设计时，图像与文字信息相结合，有助于扩展包装设计的含义和意义诠释。

由于创作方式的多样，图形有非常多的表现方式，这给了图形创作无限的可能。图形的趣味性设计通常会利用夸张、变形、联想、移位、同构等方式来实现。夸张、变形是商品包装设计中图形表现的常见形式，它们必须遵守一定的规则，是设计者主观表现和概括表现的综合体现。这种图形创作手段改变了消费者对自然事物的日常认知，制造出了新颖、幽默、生动的视觉效果，能够烘托出商品包装丰富多彩的视觉感染力，使消费者在会心一笑之后对商品产生自然而然的好感。在使用夸张、变形的方式进行图形绘制时，设计者要在把握时代审美情趣的基础上有所取舍。例如，中国传统产品绍兴黄酒是在日本非常受欢迎的一种酒，但一直在日本低端市场和老年人群体中销售。想要改变年轻一代的观念，吸引越来越多的年轻人喜欢黄酒是一大挑战。设计团队经过调研，选择在中日文化中认同度高的中国三国时代的英雄形象作为主图形，并采用中国古代绘画风格，传递酒风味的醇厚和历史文化。整个设计采用视觉冲击强烈的画面、夸张的人物表情来展现酒的文化内涵（图2-28）。

图2-29所示的易拉罐果酒系列包装设计，充分考虑到了插画图形的组合方式，将任意三瓶的图形进行组合排列，都可形成一幅完整、有趣的插图。产品可以根据口味的不同而形成不同的脸与手的组合方式，摆在货架上也特别能吸引消费者的眼球，形成独特的品牌调性，消费者也可以购买多个产品进行组合，自娱自乐。

图2-30、图2-31并不是在售卖世界名人的画像，而是棉签的包装设计。此款设计打破传统的电脑或手绘绘制的平面图形，而是将一个个小的棉签头通过色彩的排列组合形成一幅完整画像的方式来传达图形语言，犹如印象派的绘画作品，富有艺术性和设计巧思。

图2-27　Sprout食品包装/设计：凯莉·贝内特（Kelly Bennett）

图2-28　“三国英雄”黄酒包装/设计：北京叱咤有限公司

图2-29　果酒包装设计/图片来源于新浪微博

二、文字

文字是包装设计中的主要信息媒介，它为消费者打开了了解商品之门，从而左右消费者的购买选择。文字内容的易读、易认、易记至关重要，尤其是针对老年人和儿童设计的产品，在满足文字基本功能的前提下，可以对文字进行适当的美化，但切忌主次不分。根据文字在包装中的不同位置、特点和功能，可以将包装中的文字分为品牌文字、说明文字、装饰性文字、广告宣传文字四种类型。品牌文字应该安排在最佳视觉区域，字体放大；说明性文字的位置、大小、色彩、形状都应小于或弱于品牌文字。字体的设计、选择、运用与搭配要从整体出发，有对比，有调和，使消费者的视线能沿着一条自然、合理、顺畅的流程进行阅读，达到最有效的视觉效果。

文字在包装中要实现认读性，保证信息传递的准确性，所以文字趣味性设计在包装中的空间并不大，通常会在品牌文字上进行创意设计。同类商品的竞争是激烈的，要在众多品牌中脱颖而出，引起消费者的关注是非常必要的。那么，有创新思维的文字设计是达到这一目的的有力手段。包装上的品牌名称是重要的文字信息，通过文字图形化或别具匠心的设计，可以使包装的品牌文字具有独特鲜明的个性和较强的视觉冲击力，增强消费者的阅读兴趣。例如，图2-32中的设计将品牌文字“枣安，好想你。”放到整个版面的中心位置，周围留白，主体突出，并且用同音的“枣”替换“早”，一来准确传达了产品属性，二来也为人们枯燥的生活增添了一分惬意。看到这样的文字表达以后，消费者的情感会被挑动，引发共鸣。

由于包装设计的文字排版是在一个三维立体的空间中传达营销信息的，它们最初是从远处被看到，而且在很短的时间内要被来自不同文化背景、社会地位和种族的人群看到，所以其排版原则往往会根据每项设计任务的具体情况而变化，但总体来讲一定要保证其清晰可读，能够表达准确的信息。因此，我们在设计中应该对版面的个性特征进行定义，限制使用字体的种类，以免造成版面杂乱。对于包装设计中的主要展示面而言，通常最多采用不超过三种字体，有时由于所需排版的文本种类实在太多，很难限制字体种

图2-30　ART&FICT棉签包装1/设计：英国高等艺术与设计学院（British Higher School of Art and Design）

图2-31　ART&FICT棉签包装2/设计：英国高等艺术与设计学院（British Higher School of Art and Design）

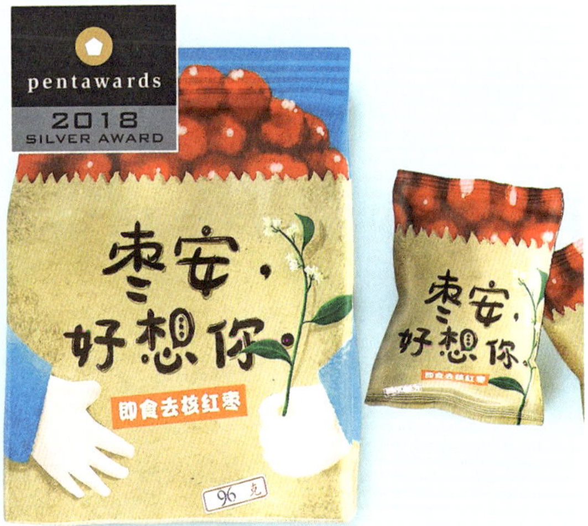

图2-32　“好想你”红枣包装/设计：杨旭、关晨超

类，在这种情况下，最好选择那些在同一家族字体中有多种风格选择的字体。文字的设计和排版并没有硬性规定，可以尝试选用对比鲜明的字体来彰显品牌个性和设计特色。在呈现同样重要但又具有语义差异的文本时，可以尝试选用对比鲜明的字体、反差大的字体样式——细体对粗体、斜体对罗马体、衬线体对无衬线体，这样可使设计师从消费者的角度组织信息，并增强版面趣味。为了使字体对比的效果明显，两个单词或两组文字必须看上去有明显不同，且让人感觉出这种差异是设计师有意创造出来的。例如，Indiebrewerie啤酒包装（图2-33）在三维的瓶型上用大且粗的阿拉伯数字来体现产品的不同系列，同时，将其他的说明性文字缩小，形成视觉反差，这样既能突出主体文字，又能很好地凸显商品档次。图2-34中隐形眼镜的包装设计也是一样，将眼镜的外形与字母“O O”很好地结合，精简文字数量，准确传达产品信息。

KA KA MA洗脸巾包装的核心视觉元素灵感来自KA KA MA品牌3个独有的字母A，把3个A巧妙地组合成一个让人不由产生想象的湖面倒影，洗脸巾同水有着明确的联系，消费者可以把它想象成像杭州西湖的三潭印月一样独一无二的景象；设计师又从3A倒影的视觉中延伸出其品牌的核心广告语——“匠心6A、健康有布”。这是一个富有烂漫色彩的品牌形象，能给客户带去无穷的想象力，从而促进人们对美好生活的向往（图2-35）。

图2-33 Indiebrewerie啤酒包装/设计：Kluif工作室

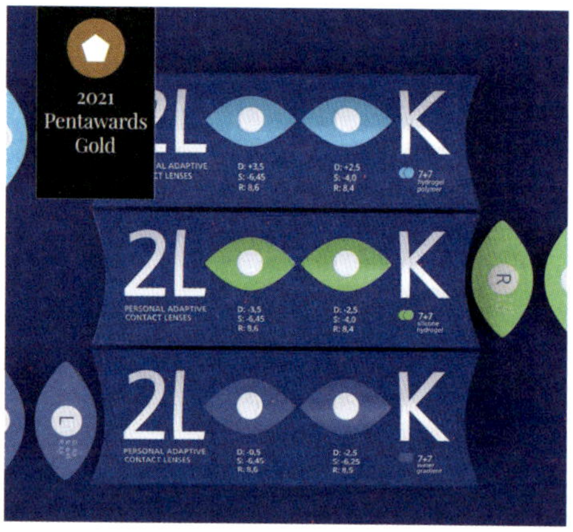

图2-34 2LOOK隐形眼镜包装/设计：玛丽亚·维什尼亚科娃（Maria Vishnyakova）

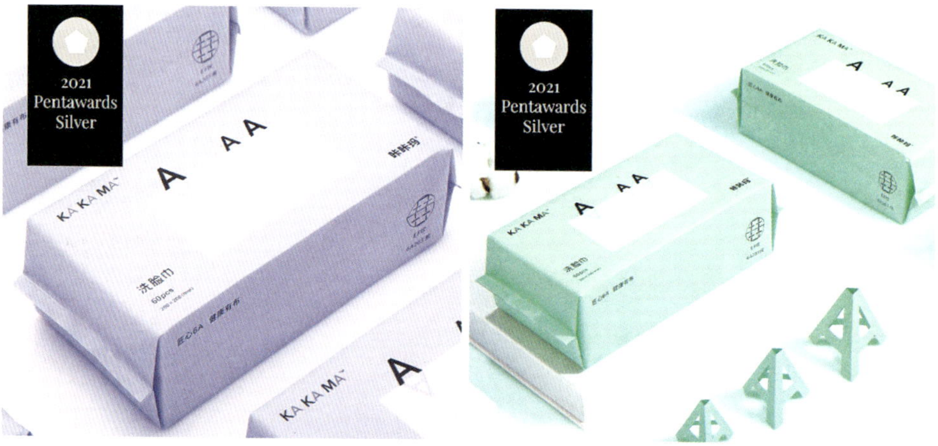

图2-35 KA KA MA洗脸巾包装/设计：梅竞放品牌包装设计

图2-36　Only for your eyes咖啡包装/设计：Supper工作室

图2-36是一款人性化的咖啡包装设计，该产品专为智障人士设计，产品名称“Only for your eyes”更是让这类特殊人群体会到关怀和被认真对待，是有温度、有情感的设计。因其商品的特殊性，整个包装外观没有太多的文字体现，但少即是多，只要信息准确就能实现有效传达。

三、色彩

人类对色彩的研究由来已久，色彩中蕴含的科学性、情感性、人文性特征逐渐被提出来。著名生物学家尼古拉斯·汉弗莱（Nicholas Humphrey）认为，人类感知色彩的能力是为了满足自身生存需要而进化出来的。在包装设计中，产品在货架上的生存法则很大程度上取决于包装的配色。由于人们看见颜色是一个复杂的过程，光线在被视网膜吸收后，就会向大脑发出信号，物体形状和物象都是通过光线记录在人类大脑里的。根据美国国家标准学会估计，人类的眼睛可以分辨出超过一千万种不同的颜色。色彩、视觉和对数百万种颜色的感知取决于不同波长的光线按不同量比相互混合所产生的效果；同时，人们会将特定的颜色与特定的情绪或感觉联系在一起，所以色彩可以与人进行心理层面的交流，这种色彩联想决定了每个人对物体或者周边环境的感知。虽然生活在相同环境中的人在色彩联想方面有一些共同点，但是每个人对色彩的反应都会受到文化背景及其所处社会对色彩的诠释方式的影响。一般来讲，颜色的含义会随着时间而改变，但对同一地域、同一或相似文化背景的消费者来讲，颜色的基本含义是一致的。比如，红色通常被作为一种吸引注意力的手段来使用，它是火、激情、兴奋、警告和能量的象征。而蓝色可以象征权威、尊严、忠诚、张力和智慧，但也代表沮丧、悲伤和孤独；蓝色能够传递出自信、力量、保守主义、信任、稳定和安全保障，还可以表达一种祥和、放松的感觉。在美国文化中，蓝色通常代表男性。在中国，蓝色又与永生不朽联系在一起，也可被用来与红色构成对比或者搭配使用。

色彩是包装设计中最具影响力的因素之一，消费者对陌生产品的第一认知来自于其颜色，再是其他视觉特征。色彩能够突显出一种产品的个性特色，吸引消费者去关注它的种种品质特征，进而使该产品在纷繁复杂的零售环境中与竞争对手相区分。色彩可以用来代表制造商或品牌，它会传达出文化、性别、年龄、种族、地域和价格等信息，也会彰显出各种画面元素和文字元素。只要使用方法得当，色彩就能有助于产品在同类产品中脱颖而出，并且能够区分出不同成分、口味或香味的品种。例如，一款名为“降温了！快给卷纸穿上好看的外套”的Bambuvu环保卷纸包装设计（图2-37）。这个设计的图案主要使用几何图形，强调品牌的大胆性格。大胆的强对比色夸张地突出产品的调性，所有包装都用到了撞色的配色，产生了强烈的对比度，从而使产品在展示效果具有冲击力。

在中国传统白酒包装中，红色、黄色、金色、银色是塑造白酒产品属性的常见用色；而在绿茶的包装设计中，不同的绿色系就是常用的颜色。包装中的强调色可以强调产品的口味、成分、香味或产品的其他属性，从而引导消费者将注意力集中到包装中的关键区域。许许多多的消费品都是通过其包装设计中的色彩被消费者认识的，颜色是建立产品个性或品牌识别的重要因素之一。当所使用的颜色能够得到消费者的认同，达到与众不同的效果，且被用于识别品牌时，这个颜色就成为包装整体的商

图2-37　Bambuvu环保卷纸包装/设计：PG品牌重塑

图2-38　可口可乐包装/设计：雷蒙德 · 罗维

图2-39　Tails Cocktails饮品包装/设计：无限品牌设计

业外观的一部分。美国著名设计大师雷蒙德 · 罗维（Raymond Loewy）为可口可乐设计了标志以及包装瓶贴，其浓烈、鲜艳而简约的红色，给消费者留下了长达百年的深刻印象，已经与可口可乐融为了一体（图2-38）。

在包装的色彩设计中，设计者要注意将色彩作为体现设计个性的重要工具，在品牌的各个产品系列及其包装结构、材料和衬底上统一应用，形成一套协调的色彩搭配方案；同时，还需要充分考虑到产品本身的色彩与外包装材料的组合与搭配，特别是一些液体的内容物与玻璃制品的外装容器结合时；最后还要注意将电脑显示的颜色与最终印刷材料上的指定颜色进行比对，消除显示上的色彩差异。图2-39是一款玻璃制品的包装设计，有时不需要过度的纸质标签来书写文字信息，因为瓶身本身就是外包装，消费者可以直接通过透明的玻璃瓶感受到内容物的颜色和质感。

四、造型

包装的造型，尤其是容器的造型，是包装设计中的重要内容。从中国传统包装的历史看，容器造型早在原始社会时期就已经有了物质和精神功能的需要。我们可以从原始人汲水存物的生活方式中看到这一点，同时也可以在祭祀礼仪中寻找佐证。在现代社会，由于我们所用的物体具有固体、液体、半固体等不同状态，为了便于盛装它们，需要一个完整的空间，这就诞生出了容器（图2-40）。容器造型需要考虑三个因素：功能、材料和形态。容器的造型设计需要优先考虑的是它的容装功能，这是容器产生的前提条件，也就是需要利用材料创造出一个可以移动的有效空间，方便和保护其空间中的内装物。产品销售是以实际的形式进行，消费者所购买的都是依附在容器产品实际之上的功能。材料是构成容器的基础，不同的材质可以对应不同内装物

图2-40 “陈右陈”酒包装/设计：许燎源

图2-41 ZEN香水包装/设计：伊戈尔·米汀（Igor Mitin）

的需要，也可以创造出不同需求的空间。形态是建立在前两者基础之上进行的，设计容器造型需要将使用者的生理、心理需求适度结合于容器的基本形态之中，创造出一种具有普遍意义的审美价值。这种价值既是符合内装物的物质属性，又是可以接受的，并能以此提升内装物的附加价值。例如，ZEN香水包装设计从整体造型上一眼就能看出该香水的主要成分来自于天然提取物，将生活中常见的贝壳、石头、竹子等材质肌理巧妙地融合进了包装的外观上，突出该系列香水的自然特性。该香水包装设计的突破点集中于强调香水的自然特质，颇有趣味（图2-41）。

容器造型在设计时还要考虑到人在使用过程中，手或其他身体部位与容器之间相互协调和适应的关系，这种关系主要表现在设计的尺度上。容器的形态设计要充分考虑到人手在拿握、开启、摇动、倾倒等完成动作时的方便性。有些容器还会根据手拿握商品的位置设计凹槽，或进行磨砂和颗粒感等肌理的处理。为创造出新颖别致的效果，在容器造型上经常采用象形、仿生的手法来使造型显得有趣。象形手法注重“形似”，仿生手法有“形似”也有“神似”（图2-42至图2-44）。在容器形态设计中，既有纯粹的形式追求，也有对“神似”的抽象表达，通常将两者结合起来，即通过夸张、变形等手法增强容器的艺术趣味。变异也是容器造型常用的手法，变异是容器整体结构中进行局部的造型、材料、色泽的变化处理，变化的部分明显区别于容器整体造型，可以形成视觉的中心，类似画龙点睛，从而使整体富于变化和个性。不得不说的是，容器的盖、颈、肩、腹、底等局部就是造型变化的重点。

莎辛那（ASSASSINA）是一个面向年轻消费者的中国香水品牌。这些年轻人渴望表达自己的个性和对亲人的爱，因此莎辛那主张每个人都应该面对“一个真实的我”，说出自己的真实感受，对自己充满信心。当我们打开包装后，可以看到香水瓶的灵感来自扑克牌中的“红心王牌”，心形瓶盖营造出独特的视觉形象，彰显了品牌的“DNA”：你应该是自己的王牌（王后/国王）。红色瓶子和心形瓶盖适合作为情人节或周年纪念礼物，或作为梳妆台上的装饰品。白色香水瓶的“CITY”系列，包括四个中国城市，每个城市都有自己的典型气味，唤起消费者对不同城市的回忆（图2-45）。

图2-42　Hot Wave辣椒酱包装/设计：上海视觉艺术学院

图2-43　Been Playing Tennis网球包装/设计：Bowler & Kimchi

图2-44　Danger Coffee饮品包装/设计：Titular工作室

图2-45　莎辛那香水包装/设计：上海伽蓝集团

第四节　趣味性包装的设计手法

一、同构

“同构”是指通过某种结构方式组成一个超越自然而又蕴含一定意义的、既熟悉而又陌生的图形。由于形成的图形新颖，因此会引起消费者的注意力，激发消费者的联想，加深消费者的印象，从而达到宣传的目的。同构字面意思上代表的是不只一个事物，而是将两个事物运用在同一产品环境中。同构是一种新奇巧妙的构思方法，它主要利用消费者求新、求奇的心理状态，运用联想与对比的方法达到传达商品信息的目的。美国数学家道格拉斯·霍夫斯塔特（Douglas Hofstadter）对同构作了这样的表述：“同构就是构造相同”“同构本质上是一种映射，通过这种映射，一个系统的结构可以用另外一个系统表现出来”。包装的趣味性设计中常用到同构的手法，它通过把不同的但又具有某种特定关联的元素相互结合，构成一种全新的形象。在同构思维状态下所完成的包装设计具有强化主题内容、表现力和感染力强、容易使消费者产生情感共鸣的特点。一般来讲，包装设计中的同构分为包装与产品的同构、包装与消费者的同构。

包装与产品之间的同构实际上是一种形的同构。形的同构是指两种物象之间含义相异而形式结构上相似的同构，通过相似，使人们把两种不同的物象含义在心理上连接起来，从而表达出一个完整的概念。这种形式同构的特点在于它的视觉效果是把不合理的现象合乎逻辑地连接起来，因此产生出奇制胜的视觉冲击力，达到视觉刺激的效果。例如，在Viga FOB切片香肠创意包装中，创作者使用这种视觉相似性，将其与填充物类型相对应的动物躯干进行简单的同构。牛、猪、鸡的图形设计与透明的包装袋巧妙结合，有趣又有味，无疑是聪明的创意包装设计作品（图2-46）。

设计者进行这种形的同构，首先需要对“形”的概念和基本特征有全面的认识，格式塔心理学对此做了非常有意义的探索。这里的“形”并不是指客观物体本身的形，而是经过知觉活动进行了积极组织的形。格式塔心理学非常注重形的整体感，因为我们经验中的东西总是一个整体。例如听一首乐曲，感受的总是旋律而绝非系列音符，是氛围与感情的统一整体，不是枝节局部。整体的特征是突显新事物，整体远远大于局部之和。形与形之间进行元素的置换在形的同构中是最常用的手法，因为形具有“整体性”，同构得到的新图形并不是原图形的简单相加，而是一种超越或突变。又因为“形”是知觉积极组织的结果，所以这个新图形在形式上必须有足够的聚合力，能作为整体从背景中凸现出来，这样有利于视觉对它进行选择，强化视觉效果。在趣味包装设计中，形的同构使包装的视觉冲击力大大加强，给予消费者丰富的心理感受。例如，图2-47所示的德国HOGRI开心餐具系列包装设计运用了产品与包装之间的形的同构，将餐具本身所具有的形态和包装上的图案同构在一

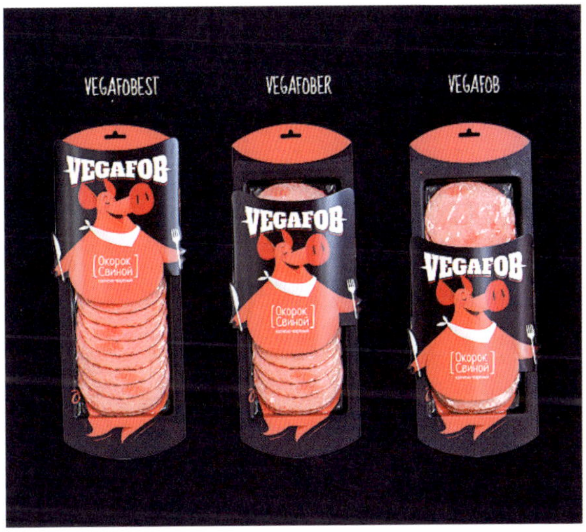

图2-46 Viga FOB切片香肠创意包装/设计：鲁斯塔姆·乌斯马诺夫（Rustam Usmanov）团队

图2-47 HOGRI开心餐具系列包装/设计：德国Hogri公司

起。同时，包装设计也非常有趣，配合笑脸和各种幽默、有趣的造型，每个产品的创意都通过本身的造型和包装的配合进行了完美的传达，展现出产品的用途和功能。虽然包装的结构异常简单，却也同样充满创意，令人感到新鲜，让我们感受到生活是阳光般的灿烂和快乐，形成新的更有趣的画面效果，赋予了餐具生命，并带给消费者一种亲近感，使包装的视觉形态超出了常规，也带来了新的趣味性。又如，AGRRR Monsters玩偶包装通过手提包装袋与露出来的恐龙尾巴形成组合同构关系，这样的表现方式同样能带给消费者许多生活乐趣（图2-48）。

图2-48　AGRRR Monsters玩偶包装/设计：Addict设计工作室

二、夸张

夸张的手法是突出事物本身特征的一种有效方法。设计师把事物的某些特征加以超出实际的艺术处理，进一步强调对象的实质，增加包装带来的艺术感染力，给消费者带来不同寻常的视觉感受，更好地体现出包装的趣味设计效果。夸张在包装的趣味性设计中运用较为广泛，它主要是指：在设计过程中对商品的某种属性特征进行超越性描写，将原本处于非主导地位的属性特征上升为商品形象的主要表现形式，由此商品形象和商品“原型”之间因这种强烈对比而产生极大的心理差距，利用这种心理机制的表现手法便称为夸张。在设计中，我们可以将夸张看成一种艺术过程，通过打破常规，反常道而为之，让人们在感叹设计巧妙的同时发现产品的趣味。夸张在一定程度上表达了幽默感，它打破了事物矛盾对立面的力量平衡，通过加强和夸大矛盾的一方，使整个事物具有鲜明的倾向性。它通过把事物的特征推向极致造成经验与事实的不协调来强化喜剧效果，与实际生活中的形态形成了鲜明的对比，让人在诧异中获得不一样的趣味，给消费者异乎寻常的视觉冲击及享受。这种手法常被用于儿童用品和休闲食品的包装设计中，通过夸张的图案设计来突出产品的特点，吸引消费者的注意。

夸张的手法在包装中的运用可以分为两种：形态的夸张和神情的夸张。形态夸张的手法是对形象和角色外部形状与结构的夸张变形。无论是形态上的局部夸张变形，还是整体上的夸张变形，带来的是与现实生活形成鲜明对比的视觉形象。神情的夸张不仅仅是单纯的画面与视觉的刺激，它也需要在真实生活的面貌中寻求趣味。前者为外显性的动态表现，而后者为含蓄性的情态表现。例如，Hrum-Hrum坚果包装（图2-49）设计中，顽皮可爱的小松鼠最擅长收集坚果及种子藏在腮内。设计师将小松鼠的这一特点体现到了坚果包装上，形态夸张化，使布袋装满坚果时就像一只嘴巴塞满坚果的小松鼠。整个包装可爱、生动、有趣，不仅具有叙事性，还突出了产品本身是天然无添加的零食这一特点，同时给消费者也带来情感的愉悦。

图2-49　Hrum-Hrum坚果包装/设计：康斯坦丁·博里蒙德（Constantin Bolimond）

在利用夸张的手法进行趣味性设计的时候要注

意两点：一是夸张的美感。并不是所有的夸张都能产生趣味性，只有美的事物才有可能引起人们的注意，带给人乐趣。二是要注意夸张的度。夸张是对事物进行夸大，让长的更长、短的更短，如果不注意夸张的度就会给人很别扭的感觉，也就失去了产品的趣味性。此外夸张主要是体现了本能层次的趣味性，也是最容易让人理解的，因此它尤其适合包装产品的趣味性设计。

三、拟人

在文学作品中，拟人作为一种修辞方法，就是把事物人格化，将本来不具备人动作和感情的事物变成和人一样具有动作和感情的样子。在现代包装设计中，为了拉近产品与消费者的距离，会创造出一些卡通角色形象（也称为IP形象），通过对卡通角色的外表、动态等人的性格特征进行设计，来实现产品信息传播的趣味性、准确性、科学性和艺术性，或是进行一种更有力度、更有感染力的表达。在包装设计中塑造角色，有利于品牌的个性传播，彰显产品的特征，他们甚至还可以成为塑造品牌个性的化身。在塑造角色时，其气质、性格和五官特征等都具有无限的可选性。要创造和设计出最适合传达自身品牌个性的角色，是一项极具挑战性的工作。

包装上的卡通角色塑造通常会设定一个主体原型，这个原型都对应生活中消费者的不同身份、职业以及年龄段，角色的外形可以不那么完美，但必须具有独特的符号辨识度，能够表现出角色的性格特点。例如，狗头枣是中国陕西著名特产，其包装以打造地域特色产品为目的，将陕西腰鼓作为基础，用剪纸形式提炼陕北汉子的人物形象，表现农民丰收的喜悦；头上扎的白羊肚手巾，极具陕西特色，材质选择了可湿性纸巾，可以擦手与重复把玩。陕西剪纸与腰鼓都是同属于中国非物质文化遗产，具有极强的民间艺术特征。腰鼓与红枣外形相似，具有仿生效果。腰鼓造型还被应用于产品外盒，外盒上飘扬的红绸带具有手提与斜挎功能，盒型以两根打鼓棒固定，极具趣味性（图2-50）。

图2-50　陕西狗头枣包装/设计：柏星龙创意包装

有些时候，外形与人格的缺陷具有独特的魅力，显得更真实、更加人格化，更能打动人心。同时，他们的差异化能够增强产品符号化的辨识度，从而使消费者形成特有的认知和记忆。卡通角色可以是人物，也可以是动物，还可以是与人没有关联的个性角色，无论通过摄影还是通过插图的表现形式，角色的种族特征、性别、面部表情、体型、肤色、外形、身形大小、画面布局、设计风格等因素都会影响到最终的视觉传达效果。好的角色会博得男女老少各类人群的喜爱，甚至能够打破文化差异的隔阂。角色的姿态可以传达出各种情感信息，诸如充满信心、具有力量感、信任感、幸福感、活力和趣味等。

企业通过品牌角色传达具有人文关怀和审美价值的形象。在品牌的定位中，人文关怀可以体现为对文化素养的追求和人性需要的满足，而审美价值通过品牌的服务与推广彰显。在品牌形象的角色设计中注入相应的精神理念，让角色形象的呈现不仅仅是一个单薄的载体，而是以文化交流带动品牌与消费者的深层次沟通。成功的角色设计应富有独特的气质和魅力，如果设计出来的角色可以做到这一点，那么这款包装设计便可以成功吸引消费者，在促进产品销售增长的同时，也提高了品牌的辨识度和大众认同度。若消费者对一个品牌的角色有着强烈的情感认同，那么不需要其他视觉元素的支持，单靠这个角色就可以传递整个品牌，而且，它自身可以上升为一个文化符号，进而成为该品牌特有的象征符号。例如，知名的电商品牌三只松鼠将单纯的品牌logo发展成为一个完整的“萌”系品牌形象和故事，在包装上赋予三只松鼠人格化以后向消费者“卖萌”，从而贴近消费者、吸引消费者（图2-51）。

图2-52、图2-53所示案例都是将生活中的鸡的形象拟人化，从而实现与产品的结合。鸡的形象贴近生活，活泼可爱，亲和力强，拟人后的形象更是惹人喜爱。特别是图2-53的鸡蛋包装设计，以三只母鸡的动漫形象作为品牌的IP形象，根据不同IP，盒里的鸡蛋名字也会发生改变，而包装盒拆解后也可以对角色进行DIY描绘（图2-54）；包装上生动、明亮的色彩，人格化的图形，给鸡蛋包装带来了更多的人情味。

图2-51　三只松鼠踏青团零食包装/设计：小禾作（上海）文化创意有限公司

图2-52　Tomacho番茄酱包装/设计：骨干品牌

图2-53　Avgoulakia鸡蛋包装1/设计：A. S. 广告

图2-54　Avgoulakia鸡蛋包装2/设计：A. S. 广告

四、仿生

仿生是将自然生物内在的特点和本质用外在的形式语言表现，呈现出个性化、艺术化的创造性活动，具有生命特征。在不同的年代和领域，仿生设计展现出强烈的个性魅力和鲜活的生命力。仿生已成为一种设计范式，其以自然物象为设计依据和构思模型，借助科学技术知识，在一段时间里形成了“具有相似性”的设计风格和规律，将人、物与自然三个要素连接在一起，形成具有内在关联的紧密关系，并“提供了可模仿的成功先例”，有一定的借鉴性和推广性。仿生设计虽是一个现代设计概念，但在中国传统造物过程中它并不是不存在的，我国的历史学家在分析古代器物形制时，常用“象生”或“肖形”来形容仿自然生态的器物，在唐代以前的陶器、青铜器等工艺门类中已经积累了不少从自然生物中汲取创作灵感的经验，并在造型上形成了一定的仿生设计范式。

仿生设计是趣味产品设计中常用的一种设计手法。它是在仿生学的基础上，通过研究自然生物系统的功能、结构、形态、色彩特征，有选择地应用并加以设计。德国著名设计大师路易吉·科拉尼（Luigi Colani）说“设计的基础应来自诞生于大自然的生命所呈现的真理之中。”道出了自然界蕴含着无尽的设计源泉。在仿生设计中，模仿参照物的选取尤为重要。好的选择能使人和产品产生通感，人与产品可以快速地互相认识与了解并产生兴趣，而不是累赘、生硬的简单添加，带给人交流的阻碍。这里“好的选择”指的是参照物的某一属性或多种属性的巧妙创意和优良的设计提炼，使包装设计既具有质朴、纯真的视觉效应，又蕴涵丰富的艺术精神与价值内涵，从而创造出艺术化、创新性、趣味性的包装，这是仿生设计成功的关键。仿生设计可以从不同的角度切入，从素材对象划分可分为人物仿生、动物仿生、植物仿生和人造物的仿生；从生物系统特征划分可分为形态仿生、装饰仿生、生物系统的天然色彩、纹理以及结构仿生；从模仿的完整性划分可分为整体仿生和局部仿生；从模仿的态势划分可分为动态仿生和静态仿生；从模仿的逼真程度划分可分为具象仿生和抽象仿生。它们的区别在于对参照的取舍程度不同和模仿的逼真程度不同，但这些都是设计中较为常用的仿生。

具象仿生是对自然事物的和盘托出或对自然事物做稍微的形态概括，是基于自然事物客观存在的形体。它在外观形态上接近模仿的自然对象，具有“天然”的成分，可以较为直观地呈现出仿生物的形态特征。具象仿生这一设计话语具有确定性和透明性，可以使包装更容易被消费者解读。例如，图2-55、图2-56展示的是一款限量版的土鸡肉包装设计。由于土鸡是田园中生长的，所以包装采用草编织成鸡的形状，还原最原始、自然的状态。包装材料也可以循环再用，材料的色彩与质感加上对外包装的细节处理，更是将鸡的形象体现得淋漓尽致。

抽象仿生是对自然事物的高度概括和总结。它是从具体自然物出发，反复推敲，剔除物象的细节，概括直至抽象其原形，从整体上反映事物独特的本质特征，可谓是源于具象又超越具象。抽象仿生的话语相对来说是模糊、虚幻而更富魅力的，给人更多的想象空间，增强了吸引力。例如，Fish Club红酒包装以鱼为造型基础，包装材料上还能体现出鱼鳞的质感和光感。不同种类的鱼有不同的造型，也体现了这款红酒的不同系列产品（图2-57）。整个概念塑造出了独特的包装效果，并让鱼类及红酒爱好者能进行深度对话。

图2-55　土鸡肉包装设计1/设计：高鹏设计

图2-56　土鸡肉包装设计2/设计：高鹏设计

图2-57　Fish Club红酒包装/设计：伊丽莎·马尔卡相（Eliza Malkhasyan）

课后实践

实践题目：儿童食品趣味包装设计及制作。

考核要点：1. 视觉设计符合儿童产品属性。

2. 包装结构科学合理、设计新颖、便于使用。

3. “趣味”的体现科学、合理。

4. 画出平面展开图、三维效果图、制作出包装实物。

第三章
国潮包装设计

课前思考

1. 你认为什么是“国潮”？它们都有什么特点？
2. 是不是所有的产品包装都适合国潮风？
3. 我们生活中的国潮包装有哪些？请举例说明。

随着国内消费升级步伐的加快，“中国制造”正逐步改变以往“质次价低”的刻板形态，将中国古典文化元素与时尚前沿结合，重新向世界宣告着中国文化的博大精深和“中国智造”的文化自信，在这样的时代背景下，“国潮”一时成为全民皆知的热词。“国潮热”既是一个经济现象，也是一个文化现象。据苏宁易购大数据平台发布的《2020国货消费趋势报告》显示，国货已成消费首选，“90后”已成为国货消费的主力，在所有国货消费者中占比35.64%，而在外国品牌消费者中占比30.93%。增速上，“90后”国货消费人群下单量增长了56.7%，“00后”国货消费人群下单量增长了63.5%。在设计领域，以传统审美为基础的“国潮”设计表现形式风起云涌，席卷至产品开发、广告设计、包装设计、品牌推广等各个方面。例如，东游记饮料包装（图3-1）就是选用中国古代四大名著中的《西游记》故事原型来表现，将西游记中的师徒四人和异域风景通过现代插画的形式有趣地呈现出来，人物寄情于山水之中，自得其乐。同时，将产品品牌名称和产品信息巧妙地融入插画场景中，整体设计诙谐有趣，既体现了传统文学故事，又富有现代趣味性。

图3-1　东游记饮料包装/设计：深圳甲古文创意设计

第一节　国潮的兴起

一、何谓“国潮”

“国潮”的字面释义虽简单明了——“中国+潮流”，但其内涵却丰富多维。从表现形式看，“国潮”既可以是体现中国文化的“复古中国风”，也可以是展现国际潮流的“创新中国风”。中国元素在传统与现代的碰撞中巧妙结合，形成灿烂多姿的时尚潮流。从载体看，“国潮”既有以实物产品为载体的中国制造之潮流，也有以文化现象为载体的中国文化之潮流，比如汉服文化的兴起等。从影响范围看，不仅本土的时尚品牌纷纷爆红，而且其他领域的国产品牌也逐渐被国人所接受和喜爱；不仅华为、李宁等品牌在国际社会受到人们的追捧，而且许多中华老字号也得到越来越多消费者的青睐（图3-2）。以2018年为界，之前的“国潮”更多指“中国+潮牌”，指小众的、标新立异的设计师品牌；而今天的国潮则更多带有中国民众消费行为的指向，指带有中国特色的本土品牌和本土设计被中国民众广泛接受，不仅是对消费市场状态的描述，而且更具有文化意涵，涉及对中华文化价值的重新评定。例如，花西子化妆品品牌的兴起即是高举了“国潮”的旗帜。花西子是一个以“东方彩妆，以花养妆”为理念的本土品牌，图3-3这款口红不仅在外包装上应用了一贯的国潮图案，而且在口红膏体上也做了雕花处理，做到了东方美与时尚的结合。

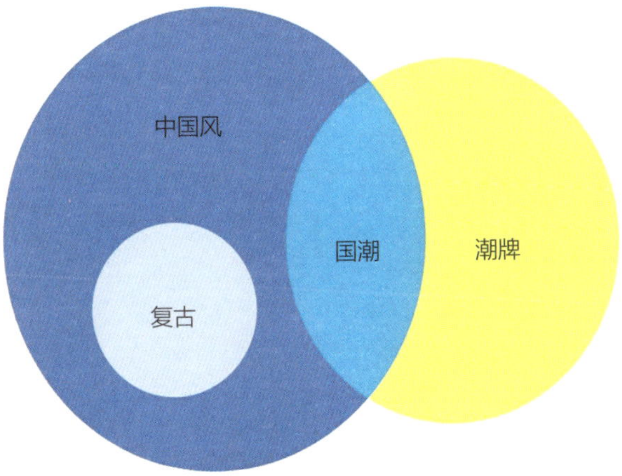

图3-2　国潮的概念界定

二、国潮出现的原因

国潮的出现，是综合国力、经济、社会、文化发展到一定阶段的必然产物，其中包含了主流消费群的文化自觉和对本土文化元素的认同，也是这一代人群消费观念的多元化、个性化的反映。得益于国家政策的战略支持以及如天猫、京东等电商平台的强力驱动，越来越多的国潮品牌迎来“高光时

图3-3　国货花西子口红包装/图片来源于品牌官网

刻”，国潮在当下的勃兴是综合因素推动的结果。

中国制造升级是“国潮热”形成的基础，国潮热标志着产业结构得到了优化，高品质国货赢得了市场，中国制造已经进军全球中高端产业链，“中国速度”正在向“中国质量”转变。如今，中央政府和各级地方政府都出台了大量调结构、促升级的政策，有效地推动了经济转型。制造业升级是产业升级的核心，经过几十年的发展与积累，中国已经形成了坚实的制造基础。通过供给侧结构性改革，中国企业逐渐走出追求产品数量与低成本的误区，在创新与质量上下功夫，实现了有效突破，由“中国制造”转向“中国创造”。同时，大量为世界名牌代工的企业，让越来越多的消费者认识到了中国已具备生产高品质产品的能力。

国人消费能力不断提高是国潮热形成的重要原因。2018年，中国人均国民收入达9732美元，高于中等收入国家平均水平。国人的消费由生存型向享受型转变，由对产品功能型的需求向质量、品质、个性化、体验感等彰显自我价值的高端需求转变。随着中国经济的发展，人们消费进口商品的能力得到了极大提高。据贝恩咨询公司发布的《2018年全球奢侈品行业研究报告》，三分之一的奢侈品购买者是中国消费者，随着国人对外国品牌消费的增加，进口品牌的神秘感正在逐渐减少。人们发现，一些昂贵的国际名牌和低价优质的国产品牌相比，质量相差无几，外国品牌的吸引力在逐步降低。根据知萌咨询机构发布的《2019中国消费趋势报告》，78.2%的消费者经常购买国货，物美价廉的国产品牌受到青睐。此外，消费主体也在发生变化，“80后”“90后”的消费能力不断增强，年轻人正突破传统消费模式，形成新的消费理念，产生新的消费行为。例如，像上海女人雪花膏这类老牌精品国货，近年来也是被年轻一代的消费群体“种草”（图3-4、图3-5）。

文化自信提升是国潮热形成的驱动力。国潮的出现是当下中国消费者文化自信提升，且开始重视文化归属感的必然结果。改革开放后，经济的飞速发展和外来文化的猛烈冲击，也在很长一段时间内造成人们家国情怀的淡化，以及对文化身份的迷茫，但国人对本国文化的追求从未止步，今天，这种渴望反而更加强烈。经国务院批准，自2017年起，将每年的5月10日设为“中国品牌日”，以加强品牌建设。中国品牌日的设立，不仅是要改变世界对中国产品的偏见，更是要重塑国人对中国品牌的信心。经历国外品牌的冲击，许多消费者尤其是年轻人也开始关注国产品牌的发展，开始反思中国品牌的存在和价值，对国产品牌有了更高层次的期待，并自发地追求富有中国文化特征和内涵的产品，这也成为国潮行动的契

图3-4　上海女人雪花膏包装1/图片来源于品牌官网

图3-5　上海女人雪花膏包装2/图片来源于品牌官网

机。与此同时，市场进入品牌博弈时代，许多企业逐渐认识到文化是形成品牌差异的重要因素，而在文化之中，传统文化是最容易被大众理解和接受的。遵从传统也是中国文化本身最大的特点之一，因此，众多国产品牌纷纷借国潮的东风，努力摆脱“老旧”“过时”的形象，以传统文化融汇潮流元素，用现代的设计手法重塑品牌年轻时尚的形象，拉近与消费者的距离。

政府、媒体、企业共同行动是国潮热形成的强大助力。近年来，人们对传统文化的关注度不断高涨，媒体也加大了对传统文化的宣传力度，在各大平台上推出了形式多样的高质量文化节目，例如《中国诗词大会》《国家宝藏》《上新了故宫》等，收视率、口碑都非常好，既有效普及了传统文化知识，让更多人懂得并热爱传统文化，也提高了人们的文化认同感。又如，2019年5月10日，在第三个中国品牌日，人民日报新媒体中心在北京三里屯成功举办了“有间国潮馆”快闪店活动，店内的国货、国学、国艺、国漫、国乐五大板块以中国文化为核心进行创意展示，让人们深刻体验了“中国造，正当潮”的国潮精神。市场在为国货买单，有远见的企业看准时机、看好国货未来的发展前景，在经济利益和家国情怀的驱动下，为国潮排兵布阵，各级政府也在积极推动。2019年5月8日，阿里巴巴“新国货”计划正式发布，内容包括：阿里计划协助全国1000个产业集群进行全面数字化升级，创造200个年销售过10亿元的国产品牌，帮助200家老字号年销售过亿，帮助70万国货商家“出海”等。政府、媒体、企业的“三级联动”给予了“国潮”强大的助推力量。

三、国潮三要素

故宫和李宁开启了国潮新风。故宫打破的是时间的刻板印象，它跳脱出过往静态、传统的展示思路，通过对自我形象的解构与重组，一跃成为年轻人的“新宠”。戴墨镜说唱的朱棣、坐拥皇宫的“故宫喵”都成了故宫全新的代言人。李宁打破的是空间的刻板印象，在纽约时装周上“悟道”。如果说展示中国传统苏绣仍是“固定动作”，那么，将“中国李宁”四个字印在具有潮牌气质的服装的胸口位置，则点燃了大众的中国自信。盘点这些年“国潮热”层出不穷的符号、形象、题材等，不难发现传统文化和审美的复苏，诸如祥云、传统装饰、汉文字、敦煌、故宫等文化元素已经突破了文化圈层，被设计师们灵活运用到每一场情怀与时尚跨界融合的商业实践中，重新定义了“潮”的概念，并引发年轻人对“东方美学”的追捧。总之，国潮形成了越来越清晰的特征，并具备三个要素：

一是国潮需要有中国特色。无论是来源于中华文化，还是带有中国元素的技术特征，中国特色是国潮区别于其他产品的基础基因，是国潮的身份证。

随着消费人群的年轻化，很多年轻人提到传统白酒，都会觉得包装设计过于老派，是上年纪的人喝的，从而使得白酒痛失年轻人市场。但近年国潮风大热，为白酒包装设计注入了新的生机。例如，水井坊（三星堆纪念版）包装设计（图3-6、图3-7）把三星堆元素也“装”进了酒里。瓶身采用了精美的浮雕工艺，将传统面具、青铜树等元素融入其中，以美学为创意，生动地展现了巴蜀千年文化的灿烂；彩色封套的点缀凸显典雅、端庄气质；在典藏的基础之上，不仅将三星堆文明的厚重历史与神秘文化融入其中，更让国宝和背后的中国古蜀文化通过产品这个载体进入千家万户，使之更具“烟火气”，让更多人亲密的感受到。

BOUQUET葡萄酒包装设计也将具有中国少数民族代表性的纹样“穿”在瓶身上，突然就让“中国味儿”浓烈了起来（图3-8）。

二是国潮需要符合时代前沿的审美和技术。国潮应当是时代的“弄潮儿”，探索新技术、新趋势、新方向。向内而求的是对过去自我的革新，向外而拓的是在世界范围内打造领先竞争力。国潮尤其关注新生代的需求，是面向拔尖文化的创新，是面向大众文化的塑形。受国潮不断复兴的冲击，消费者越来越发现：“会玩”的老品牌，在悠长的文化传承背景下所渗透出来的“味道”让人更熟悉、更舒适、更安心。例如，斯诺啤酒的包装设计（图3-9）用褪色的工厂、残破的酒票等具有历史感的符号，与经典的绿酒瓶、复古的红绿酒贴一起，诉说着人们对于过去时代独有的情怀，啤酒“砰”的一声打开，是夕阳下一家人最美好的回忆。

图3-6 水井坊（三星堆纪念版）包装1/图片来源于网络

图3-7 水井坊（三星堆纪念版）包装2/图片来源于网络

图3-8 BOUQUET葡萄酒包装/设计：狮子鹏包装设计实验室

图3-9 斯诺啤酒包装/设计：小狼君Langcer Lee

图3-10 泾阳茯茶包装/设计：莱特品牌设计

陕西泾阳的茯砖茶，距今有600多年的历史，被誉为“丝绸之路上的黑黄金”。但由于地方经济落后，品牌意识淡薄，茶叶在销售与传播上存在困难。为了解决上述问题，其包装设计选取了清末陕西秦商文化和当地的民俗风情元素为视觉符号，采用中国画里白描的手法，用三种中式绘画古典色来表现三种不同等级的茶砖。茶砖包装底部用清末流通的茶票作为贴纸封口。在包装的最终执行上，利用手工宣纸、纯手工雕版印刷对图案进行拓印，推动非物质遗产传承的同时，也展现出一种浓浓的民俗感。拓印颜料、黏合的胶水及捆绑草绳均使用天然材料。整个包装呈现出天然、率性的感觉，地域特色浓郁（图3-10）。国潮让地方产品具有了现代活力。

唐饼家糕点的新年礼盒包含很多唐朝文化元素及礼仪习俗的传承。在万岁系列的双层礼盒设计中，采用了“万岁”在隋唐时期的寓意——千秋万代，事事顺遂。万岁系列三层礼盒的内盒画面均是以外部画面的局部特写进行演绎。包装的主画面采用了传统绘画元素，用现代流行的扁平化风格图形将隋唐文化进行现代化演绎，符合新生代的审美需求（图3-11）。

三是国潮需要有世界视野，展现中国自信。全球化时代，商品的流通打破地域、国别的限制，“民族的才是世界的”概念再一次得到印证。例如，良品铺子中秋系列产品包装通过多款不同的设计，把中国传承千年的文化符号注入中秋礼盒之中，重新连接中秋月饼和敦煌文明之间的关系。设计从传统文化中吸取精华，将敦煌壁画的飞天舞女、九色鹿、三耳兔、翼马、明月、藻井等元素在礼盒上呈现，汇聚出一幅中秋团圆景象（图3-12、图3-13）。一件件精致礼盒，成为敦煌文化的使者，小小的月饼，仿佛一扇窗，得以窥探文明的变迁与风俗的传承。该包装设计在增强产品美观性的同时，还激发了与消费者之间的情感共鸣。

图3-11　唐饼家万岁系列糕点包装/设计：上海奎燕广告有限公司

图3-12　良品铺子中秋系列产品包装1/设计：潘虎包装设计实验室

图3-13　良品铺子中秋系列产品包装2/设计：潘虎包装设计实验室

第二节　国潮包装的设计特点

国潮不但代表了本土设计师设计的中国品牌，还代表了个性、时尚、大众性的品牌定位。国潮包装在满足包装功能的前提下，能够将传统元素与包装视觉设计相结合，从而实现国风和潮流之间的结合，获得1+1>2的效果（图3-14）。国潮包装从包装结构来看，应选择传统造物造型，利用相似的开合和包裹结构，使包装整体更接近“国潮”定位，让包装成为更真实的载体；从包装平面视觉设计来看，应选择寓意丰富的吉祥图案和传统纹样，将画面中部分元素进行替换或再设计，运用极具现代感的设计风格来体现，同时包装文字结合书法字体和中英文，能获得较大范围的接受度和喜爱度；从包装制作印刷来看，应选择既传统又创新的包装材料，从而使成本更低，制作更简单。总体来看，国潮包装的视觉设计具有如下特点：

一、图形提取讲求文脉来源

图形是视觉传达设计中极具感染力和形象性的组成要素，在对外展示和传递信息时承担了重要的作用。每一种图形都可以视之为一种符号，用于传递一种观念，由此，不同的图形就会产生不同的情感和

图3-14　摩登红人雪花膏包装/图片来源于品牌官网

图3-15　于小菓传统点心包装1/图片来源于包联网

图3-16　于小菓传统点心包装2/图片来源于包联网

图3-17　于小菓传统点心包装3/图片来源于包联网

价值链接。在我国国货品牌的国潮化视觉设计中，图形的提取非常注重对其历史文脉的挖掘。在视觉呈现上，我们可以看见许多传统纹样、传统建筑、传统服饰、传统民居、传统神话、历史文物等的运用，这些符号里蕴含我国优秀的历史文化。不知从什么时候开始，“国潮风”开始席卷。在中国人的骨子里，有着对中国传统文化的喜爱和执着。例如，于小菓传统点心包装以北海公园、长城、颐和园、故宫角楼、天安门、天坛六个北京地标景点为图案造型，将文化名胜与美味点心相结合，使其成为一份独具品位的北京手信，同时又是一份充满北京特色的旅游攻略。设计不仅在点心的视觉上通过颜色的展示加深了大众对北京的印象，而且包装外盒形状像一本书，内部嵌着一个个福饼形状的内盒，打开福饼，就像打开了对北京这座城市的记忆（图3-15至图3-17）。

青昔抹茶作为一款定义为国潮风格的产品，其主旨是以中国文化为题材，打破人们对抹茶源自于日本的固有印象，让人们认识到抹茶真正的起源是在中国。设计采用插画的形式，以中国国粹京剧的角色生、旦、净、末、丑为主视觉元素，结合日月、祥云、茶叶等自然元素，让产品充满浓郁的中国风格。在色彩搭配方面，经典的黑色搭配典雅的金色，让整个产品更加彰显国风气质（图3-18至图3-20）。

图3-21是玉墨黑瓜子的包装设计。传统瓜子的消费群体以中年为主，而该产品的销售平台——小米有品有大量的年轻用户。产品原料来自新疆，乡土气息很浓，如何将农产品包装成年轻消费者喜欢的休闲小食，是设计师要考虑的重点。最后设计人员发现新疆戈壁滩上的狼，其果敢、坚韧等精神，有着全球范围的影响力，且狼的形象在年轻群体中有着很好的口碑。为此融入狼头元素进行创作，使主视觉插画充满野性趣味，并结合天然枝蔓进行装饰性表现，颠覆传统包装风格，大胆贴合年轻人“尝鲜”的特质。

图3-18　青昔抹茶视觉元素/设计：徐国品牌包装设计

图3-19　青昔抹茶包装1/设计：徐国品牌包装设计

图3-20　青昔抹茶包装2/设计：徐国品牌包装设计

图3-21　玉墨黑瓜子包装/设计：喜鹊包装设计实验室

图3-22　故宫口红包装/图片来源于网络

图3-23　故宫文创产品1/图片来源于网络

图3-24　故宫文创产品2/图片来源于网络

二、色彩应用寻根传统美学

色彩在任何视觉媒介中都可以成为艺术家用来传递信息的重要法宝，也是设计中传达情感和营造氛围的一个重要途径。随着国潮风浪奔涌而来，我国国货品牌也愈加倾向于寻根传统色彩来对其进行设计表现，这在很大程度上也促进了传统色彩在当代的活化与再现。以故宫文创为例，其设计制作的文创产品中，许多色彩灵感都来自于对故宫博物院内馆藏文物颜色、皇家宫廷颜色、古代历史建筑颜色的提取，而后根据不同的作品进行色彩再现或再造（图3-22至图3-24）。

传统色彩有三个基本来源：一是自然界中的矿物、山峰等无生命之物，通过传统绘画等手段形成传统取色方式；二是自然界中的动、植物等有生命之物，以其构成物质所具有的颜色，用于特定活动，形成一定的色彩；三是在人类为了生存所进行的造物活动中，由于物理和化学变化带来的新的取色方法，并以此为基础，受不同地区和民族发展历程中具体活动和民族心理的影响，形成了各具特色的色彩表现形式，共同构成了传统的色彩来源。

三、字体应用内含中式韵味

字体是国货品牌借势国潮风格进行视觉设计表现的重要构成元素。在国货品牌的“国货化”设计中，无论是自制字体还是使用字库字体，其对外呈现时一般都内含中式韵味，用以传递主要信息的字体多为汉字，西文字体一般仅为辅助字体或装饰字体出现。我国汉字作为世界最古老的文字之一，本身就具有一定的文化价值，带有浓重的国字属性，因此也成为国货与国潮结合的重要元素。在具体应用时，印刷体中多以不同的宋体为信息的主要传递字体，辅助字体和装饰字体则会根据具体作品配以不同类型的黑体、圆体或手写体等。在传统的书法字体中，行、草、隶、楷四类字体都可以作为主要信息传递的工具，而且较之印刷体应用更为广泛。此前，李宁在2018年和2019年纽约秋冬时装周上的主体视觉字体也都是以书法体为主。在书法体中，篆书类字体因其认读性较其他传统字体差，一般较少单独使用，更多的会用做装饰字体或辅助字体。

例如，图3-25、图3-26是唐饼家中秋月饼的包装礼盒设计，此款礼盒主题为《彩云追月》，用书法字体表现产品名称，中国味极浓，同时将唐代绘画中各种云朵的绘画技法与绚丽的色彩相结合，融合水晶UV工艺，呈现出立体的视觉效果。

图3-27、图3-28是爱福龙须酥包装设计，该包装设计将产品细如发丝的特点与手写书法字体相

图3-25　唐饼家中秋月饼包装1/设计：上海奎燕广告有限公司

图3-26　唐饼家中秋月饼包装2/设计：上海奎燕广告有限公司

图3-27　爱福龙须酥包装1/设计：立方甲设计

图3-28　爱福龙须酥包装2/设计：立方甲设计

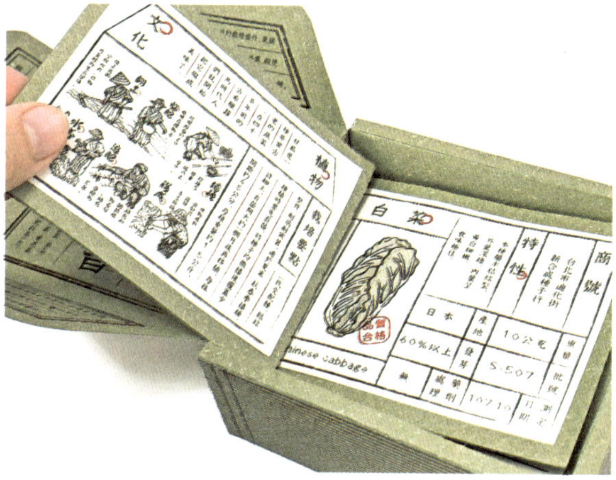

图3-29　至力品牌种子包装1/设计：吴文娟

结合，从毛笔的飞白效果体现出产品特点，使包装更有韵味。插画以龙须酥制作工艺为切入点，配合国潮插画场景，提升包装颜值的同时体现传统手作工艺的匠心品质。印刷上以特种纸结合烫印工艺，提升产品质感。

图3-29、图3-30是一个“种子书”的包装设计，包装外盒灵感源于中国古农书，以中国古书文字的书写及排版方式体现整体版式。四种不同的色彩被用来代表不同种类的种子，袋装种子的设计让种植种子像泡咖啡粉一样简单，再打开盒子后像书一样看到一页页的种子细节和种植方法插图介绍，设计师希望能重新激发现代人对种植这件事的关注与热情。

图3-30　至力品牌种子包装2/设计：吴文娟

第三节　国潮包装的设计语言

一、中国传统图案

在传统文化和国货产品再次兴起的大时代背景下，中国传统图案也迎来了新的发展契机。它们记载着人类历史进步的方方面面，犹如一部精彩的历史图集述说着我国多姿多彩的历史故事。作为我国历史文化的一个优秀代表，传统图案有着独特的装饰价值和文化价值，在不同时期和不同民族中创造了变化丰富、风格迥异并各具特色的图案艺术。中国传统图案艺术受到中国传统美学思想的影响，重视图案的意义传达和内涵表现，并不单单受限于原有的物体形态以及基本形式，而是在发展过程中不断地创造、改变并丰富其物体形态和表现形式。中国传统图案在包装设计应用中一直都占有一定的席位，传统图案对包装的装饰效果只是其中一方面，更重要的是它所蕴含的文化内涵可以更好地宣传产品的特点和体现产品的文化观念，同时更契合消费者的心理需求和审美特点，从而提升产品的文化价值和经济价值。在国潮兴起之前，中国传统图案就活跃于月饼、茶叶、白酒等传统商品的包装设计之中。例如，许燎原老师为雪花啤酒设计的这款名为“有戏”的系列包装设计（图3-31），就将京剧脸谱的元素融入到雪花啤酒的包装上去，一来突出产地信息，二来更广泛地传播中国传统文化，体现历史感、文化感和自豪感。

图3-31 “有戏”雪花啤酒系列包装/设计：许熳源

中国传统图案类别众多、样式丰富，使用传统图案并不是随意的进行元素堆砌，也不是简单的生搬硬套，而是要从多方面对传统图案进行解析后再吸收和借鉴，立足于实际产品的特点创造性地将传统图案应用于该产品的包装设计中。在这个过程中我们需要做到以下几点：第一，将筛选出的符合产品特点的优秀传统图案元素运用形式美法则进行合理的布局与运用，直接体现国潮风；第二，由于传统图案年代久远，图案的载体也是五花八门，不是所有的传统图案都适合产品的包装，也不是所有的图案都符合现代人的审美标准，所以我们需要做到合理的扬弃，对传统图案的外形、结构、色彩、形式等进行元素提取后再按照现代人的审美需求进行再创作，最后再运用到包装设计中，这更能体现国潮的创新性；第三，将传统图案的寓意和文化内涵进行深入挖掘和分析，并将其应用到产品包装设计中，从思想和内涵上顺应国潮风的流行（图3-32）。具体的设计方法如下：

第一，简化归纳法。简化归纳是一个由繁化简的过程，一般通过分解、删除、夸大、移位、合并的方法将其简化，去除多余的图形元素，在不改变其本质的情况下，归纳图案的主要特征，使图案具有造型感和寓意联想空间。简化归纳法解决了古老繁冗的、不符合现代人崇尚潮流简约审美的中国传统图案问题，同时又有利于提高国潮图案的识别度。例如，“江南四大才子”塑身衣包装（图3-33、图3-34）将复杂的人物形象简化，提炼出最具有代表性的图形与色彩，实现有效简化的目

图3-32 女儿红酱酒包装/设计：罗恒设计事务所

图3-33 “江南四大才子”塑身衣包装1/设计：杭州东韵品牌设计

图3-34 “江南四大才子”塑身衣包装2/设计：杭州东韵品牌设计

图3-35 龙凤饼家品牌包装/设计：WWAVE设计

图3-36 音符葡萄酒包装设计/设计：古一设计机构

的，富有传统韵味的同时又具有现代感。

第二，解构重组法。解构重组并非添加新的视觉元素，而是在原有元素的基础上重复或重构再设计，是不断打破旧形态重组新形态的过程。这个过程通过对原有形态的拆分和选取，将零散的元素通过加粗、放大、缩小等方式形成新的图形。解构重组法是最能体现现代形式感的设计方法之一。例如选择古代神兽元素，提取其羽毛、眼部、手足等部位的形态进行夸张化处理，并重新组合排列，打造出具有趣味性的国潮图案。图3-35是澳门老字号品牌龙凤饼家改良后的包装设计。主视觉以龙、凤身躯上的纹理特征为基本表现形式，透过简化及重组的纹理排列，呈现出有别于过往中式饼店常见的视觉特征。

第三，寄意求全法。寄意是将图案背后所传递的美好寓意寄予图案中；求全是一种综合性的表达手法，不受客观限制，设计理念不拘一格、跨越时空，甚至将不相关的事物融合在一起，组成一个崭新而完整、统一的画面形式。在创作过程中，寄意求全法更能注入图案“灵魂”，达到巧妙的形神融合。例如，音符葡萄酒包装（图3-36）以善于演奏的伯牙与欣赏音乐的子期这对千古传诵、惺惺相惜的至交典范为灵感，表达“酒逢知己，音遇知音”的美好祝福与愿望。红蓝经典撞色组合，不仅带来画面与视觉的记忆与冲击，还有色彩与情感的诚挚享受。

二、传统文化元素

从包装销售传播效果来看，立足于熟知的历史故事，能最大限度获得社会的认可，把握稳定的消费群体，取得更好的经济效益。国潮传统的文化符号具有相当的普遍性和地域性，个性化的设计也是国潮风包装既定的要求。以本土化为卖点，鲜明时尚的国潮风，能帮助包装更好地推广产品。包装设计是中国传统文化在现代流行文化中传播和传承的重要载体。在国潮视阈下开发创意包装是推动中国本土文化创新发展，推动传统文化精髓与现代产品包装适应与融合的重要渠道，对打造“中国创造”的文化创新品牌，拓展中国设计在世界舞台的影响力都有着深刻的意义和价值。国潮不是简单的元素堆砌，而是源于内心的对本土文化的感悟，以及相应的文化元素在产品包装中的应用与传达。设计者通过设计创新手法解析中国传统文化元素精神和文化艺术形式，传递现代社会人民的生活理念和情感诉求（图3-37至图3-39）。

在包装中用熟悉的中国传统元素进行设计，更容易获得消费者的信任和认可，企业和品牌之间跨

图3-37　香朵朵茉莉花茶民国风包装1/设计：潘虎包装设计实验室

图3-38　香朵朵茉莉花茶民国风包装2/设计：潘虎包装设计实验室

图3-39　香朵朵茉莉花茶民国风包装3/设计：潘虎包装设计实验室

界融合，传统元素和产品理念交叉，吸收传统造物结构的特色，全方位整合包装造型特征，提升国潮包装结构和传统造型的融合性和安全性。国潮对传统文化元素的主要应用形式有两个：一是将传统元素打散重组；二是对传统元素进行提取加工，并通过现代设计手法进行不断创新。诗词歌赋、汉字符号、京剧戏曲、古代名画、民间手工艺及少数民族特色成为经常被运用的元素。例如，晓旦茶包装将我们熟知的京剧戏曲人物与茶相结合，实现传统元素与产品理念的交叉与融合，提升了国潮包装的审美性和文化性（图3-40、图3-41）。

鲁花小磨芝麻香油包装设计的创作灵感来自于一张大家熟悉的上世纪木刻版印刷的旧报纸。在打香油这个日常行为过程中，人们会习惯性地用报纸来包裹油瓶以防滑落。该设计复原中华街头老字号的平面设计方式，将瓶标设计成报纸形态（图3-42），让古老的元素散发新的魅力。瓶贴上产品信息的呈现则复活了传统木刻版印刷的形式，不仅清晰地表达产品信息和层级，也向用户呈现出更多的手工打造元素，加强其对产品的信赖。该款设计斩获了2019年红点设计大奖和2020年iF设计奖。

图3-40　晓旦茶包装1/设计：FORMER品牌设计工作室

图3-41　晓旦茶包装2/设计：FORMER品牌设计工作室

图3-42　鲁花小磨芝麻香油包装/设计：潘虎包装设计实验室

三、东方美学

国潮包装设计在视觉美感上呈现出浓浓的东方式审美情趣。东方美学源自中国传统美学，蕴含着传统的伦理价值，它整体以生活为核心，是“生活化”的中国传统美学。我国美学研究学者刘悦笛先生认为，中国的“生活美学”就可以代表东方传统。这种传统就是一种始终未断裂的生活传统，它往往为百姓日用而不知，也可以说，我们每天生活的点滴、周遭的环境、日用器物处处皆渗透着东方美学的品格。回到国潮包装设计上，与精致、内敛、优雅的传统东方美学格调不同，国潮需要更贴近年轻一代的时尚消费和审美品位，更多表现为醒目、张扬、酷潮的风格。因此，国潮包装设计需要在传统东方美学基础上，加入更多时尚、潮流的审美意趣，即“大雅近俗”，所谓“雅”代表正统，它既在设计表达上追求优雅、美好的形式，同时也在设计内容素材上追求有格调的思想情操。“俗”的本义为鄙俗、粗俗，但在这里却另指接地气的习俗、民俗。雅与俗并非不可转化，不刻意追求所谓的“优雅”，却有着自然、率性和不俗的品格。因此，国潮包装设计中“大雅近俗”一方面是将美好优雅发挥到极致，另一方面是大众化到极致。

例如，花西子彩妆品牌高扬民族文化旗帜，在产品包装设计中明确了以“东方主题”为整个品牌设计定位，创作出了许多让人记忆深刻的、具有东方美学的产品包装设计。花西子彩妆包装牛年知音礼盒（图3-43）确立了“东方京剧，一曲献知音”的叙事主题，借助产品包装和产品本身造型、色彩、图形、文字等的一个综合性媒介给消费者讲述了西子遇知音的产品故事。此外该礼盒与“牛年”生肖图形结合在一起，蕴含产品在牛年对消费者的美好祝福，视觉表现上既优雅又含蓄，既传统又现代。

花西子陌上花开同心礼盒（图3-44）以“陌上花开”为主题，该创意来自苏轼的《陌上花三首》，以此在产品包装中寄托对心上人的相思之情，针对的目标消费者群体非常明确。该产品包装通过视觉语言将古诗词的意境表现出来，紧紧围绕着“中式”“浪漫”的风格与调性，提取具有象征、隐喻等特征的图形、文字、造型等符号，如中式的轩窗图形、立体的牡丹花造型以及其他中式传统器物造型。这些情节要素不

图3-43 花西子彩妆包装牛年知音礼盒/图片来源于网络

图3-44　花西子陌上花开同心礼盒/图片来源于网络

仅有图像之形，而且具有故事之感，符合目标消费者的审美需求和情感需求。包装通过传统文化元素的重构，构建出民族感强烈的视觉美。

国潮的兴起，标志着东方式的美学不仅成为国民日常生活的主流，也将影响全球社会，成为现代文化多样性中不可或缺的重要成分。事实上，现代社会中文化和社会的丰富性将被认为是集体性的、典范的、独立的美学领域转化为日常生活的一部分，就像社会学学者尤卡·格罗瑙（Jukka Gronow）所言：“传播品味的现代时尚机制，提供了具有社会捆缚作用的有效的趣味标准，建立在个人偏好和这种趣味共同体成员的趣味选择基础之上。”国潮包装设计中呈现出的东方美学即是现代性的东方审美，其建立在当下消费者的大众审美基础之中，将传统美学进行了新的演绎。

第四节　国潮包装的设计路径

一、形似

在几千年来的生存实践里，中国传统造物文化积累了诸多的经验，在图形、色彩、器物形制等方面为现代包装设计积累了丰厚的设计遗产。在包装中进行国潮设计，要保留传统文化的特征，“形似”即是非常直接的设计路径。“形似”作为中国古代美学中的一个概念，是指艺术形象逼真地反映出客观事物的外部形貌。具有中国特色的传统图形在图案表现形式、颜色、精神内涵等方面都体现着中国传统文化的基因，传统元素被运用到现代艺术设计中并为现代设计注入新的血液。例如，云纹、龙纹、仙鹤、团花、宝相花等不少传统图形就被直接应用于当下的国潮包装设计之中。消费者在对国潮包装的认知过程中、对各种传统符号进行观看和解读时，他们可以通过感知其中的颜色、文案、画面构成、纹样图腾、故事情节等一切信息（即关于品牌信息的符号组合），联想到自身关于社会生活和文化经验的预设，从中建立视觉信息与产品属性的关联。这些图形的形式让消费者直接与传统文化发生联系，构建出传统文化的消费语境。图3-45是一款香水概念包装设计，该设计将云纹、山纹、仙鹤等传统图形直接应用在包装上，通过版式及后期的制作工艺，体现出浓厚的中国传统文化内涵。

图3-45　香水概念包装/设计：华北理工大学

图3-46　“琪美银杏”酒包装1/设计：凌云创意

在包装设计中通过直接移植传统图形能够保证传统图形的“形似”，但由于越来越同质化的应用，也引来了业界、学界的质疑：目前市场上所见的国潮，大部分只能叫“国抄”，或者说“国嘲”，造成这一问题的主要原因就是国潮设计中的许多传统元素停留在直接照搬或肤浅地拼接、堆叠层面，这种形式上的浅层静态移植很难引发消费者的共鸣，因此我们需要用创造性的思维来应用传统元素。国潮与包装设计产品之间有着深刻的内在关联性，在设计表现上需要有深层次的文化挖掘，这不仅仅是简单运用一些传统图案、书法字体、复古色彩就可以称之为国潮包装设计，而是在其元素挖掘上还要与品牌相适应、与文化相链接、与信息传递相契合。设计师要巧妙、恰当地使用传统元素，既充分发挥传统元素的表现力，又呈现出新时代审美特点，突出产品的信息和特色（图3-46、图3-47）。

例如，良品铺子推出的“良辰乐舞金樽”中秋礼盒包装（图3-48、图3-49）以多种富有历史特色的敦煌元素为蓝本，围绕着九色鹿头顶的圆月，设计出了一条“时光隧道”，为消费者呈现了一个别具特色的中秋礼盒。主体插画的色彩绚丽多彩，在图形元素的处理上采用了鎏金工艺，使整个外包装精美并富有层次感，这种现代与传统的巧妙结合让传统文化得以更好的传承。

图3-47　“琪美银杏”酒包装2/设计：凌云创意

二、神似

丰富而悠久的中国传统文化元素是现代包装设计取之不尽的资源宝库。中国美学讲究的“气韵生动”，其实质是强调设计语言表达要富有趣味性与生动性。通过活化传统文化元素来创造中国包装的独特意境，将传统文化元素进行符合时代要求的创新性转换，不仅决定了包装的特有文化气质，而且

图3-48　良品铺子中秋月饼包装1/设计：潘虎包装设计实验室

图3-49　良品铺子中秋月饼包装2/设计：潘虎包装设计实验室

凸显了民族文化包装的设计魅力。然而，由于时空环境的复杂转化，传统文化元素在国潮包装设计中的当代形式转化并非易事，这就需要我们在设计中对传统元素进行活化，在做到“神似”的基础上，做到得“意”不忘“形”。“神似”与“形似”是中国古代美学的一对范畴。“神似”指艺术形象生动地传达出事物的内在精神。“神似”就是保留传统元素的内涵、意义、观念或思想智慧，在上述内涵整体基础上把握住一种主观性、情感性、写意化的表达，以追求形式上的符合时代审美，并创造更好的意象和意境空间。“神似”的表达是建立在“形”的打磨和创作基础之上的。“形”则指传统元素原本的形状、大小、质地、肌理等形态，“形”是“神”的表达实体。简单地说，“神似”就是在国潮包装设计中，在把握传统文化内涵的基础上，结合产品的属性，用当代设计语言来改造传统元素，保留其“形”的精髓，化古为今，让传统元素在国潮包装设计中更富生命力和东方审美情趣。

时代变迁，势必造成文化认知的断层。这对当代包装设计师而言，既是机遇也是挑战。运用传统文化元素的国潮包装设计，以中国传统哲学和美学观为根本，从传统文字、传统图形、传统色彩、中国

图3-50 国潮1727山西御贡老陈醋包装/设计：柏星龙创意包装

图3-51 “云姜”酒包装/设计：王琦，索菲亚·勋（Sophia Xun）

书画等各类传统文化元素寻找到突破点，恰到好处地融入现代设计审美的联想与创新，主要由以下三方面来实现：

第一，传统文化元素语义的象征性表达。国潮包装设计中，传统文化元素语义的象征性表达多以文化元素来适应设计对象，就是寻找到能诠释产品精神内涵的表现形式。这其中所需要满足的条件是具有象征性的传统文化元素能代表产品或企业的文化精神。例如，山西御贡老陈醋包装围绕着国潮风格进行创意体现，将御膳用醋、传统图案、青花瓷器等元素灵活运用到外包装设计中（图3-50），传统图形的创新应用将该品牌悠久的历史视觉化呈现出来。中华文化中特有的人与社会、人与自然和谐圆融的哲学思想所显现出的智慧，对于世界观、宇宙观或是当下的价值观都有深远影响。传统哲学思想与思维方式，通过象征性传统元素渗透到包装插图、摄影、文字等版面设计的综合运用上，是对包装设计进行全面的审视、分析、排列、重合的过程，必须思考其内在的涵义和相互的关系才能设定中国传统设计中含蓄、素朴或欢乐、和谐的设计风格。图3-51、图3-52的两款设计均是传统文化元素语义的象征性表达。设计师将具有象征性的传统文化元素（图形、色彩、工艺）与产品或企业的文化精神及内涵相融合。

图3-52 “畅园”白茶包装/设计：丰设计

第二，传统文化元素语感的关联性表达。传统文化元素语感是通过设计开拓国潮包装的信息传递的可读性与体验感，使消费者从心理、情感上达到认同，从而与产品达成一种对话的交流方式。因此，要考虑到国潮包装的整体视觉流程设计、容器造型、色彩关系等因素，而不只是传统文化元素的叠加累积。在元素符号的选择上，元素语感是否与产品的基础属性相契合这点是非常重要的，只有元素语感与产品的关联性增强才能达到“盐融于水”的效果，产生自然而然的审美体验。例如，佰草集的个人护理用品是现代生物科技与传统中草药精华结合的成果，在产品开发中科学地运用了中医独有的平衡理论和整体观念，因此将太极图案与产品的设计理念结合，便有了风靡市场的佰草集太极系列产品（图3-53至图3-55）。

第三，传统文化元素语境的转化性表达。传统文化元素语境就是指包装设计语言所制造出的环境与氛围，涉及消费的时间、场景、习惯等因素，其重点在于意境美的渲染。意境的本质可以理解为生命本身的美，是一种心理现象。而传统文化的转化性表达，即利用文化元素原本所具有的意义进行文化内涵的替换，这样处理的结果促使文化元素转型后产生新特点而延伸原有的涵义，营造出新的意境。因此，包装设计者往往以借物写意、以物传情、物我两用等思想与被包装产品信息的意境相融合，来体现独树一帜的气韵。例如，越来越国潮化的安慕希近年来推出的产品都是将国粹、时事热点等融入到包装设计之中，而不是单纯地换“新皮肤”。在2022年伊始，该品牌发布了全新的12款虎年概念酸奶包装，该包装选取了香港漫画家黄玉郎的霸气老虎插画打造瓶身，并辅以寓意吉利的祝福文案，画面中还配有相应的人物角色，将老虎的不同姿态与人物的动作神情相结合，更易表达画面蕴含的情感，同时硬朗、霸气的国潮画风也给予了消费者强烈的视觉冲击力，整个包装充满着浓郁的港式味道（图3-56至图3-58）。

图3-53　佰草集太极日月精华液包装1/图片来源于佰草集官网

图3-54　佰草集太极日月精华液包装2/图片来源于佰草集官网

图3-55　佰草集太极泥面膜包装/图片来源于佰草集官网

图3-56　安慕希虎年概念酸奶包装设计1/图片来源于网络

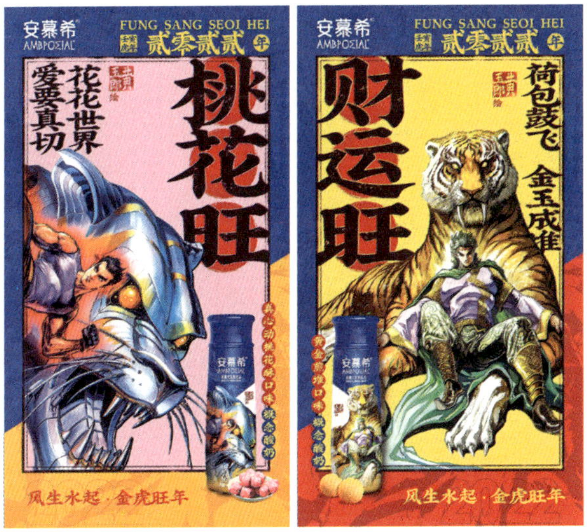

图3-57　安慕希虎年概念酸奶包装设计2/图片来源于网络

图3-58　安慕希虎年概念酸奶包装设计3/图片来源于网络

课后实践

实践题目：化妆品国潮包装的设计与制作。

考核要点：1. “国潮”元素的体现符合化妆品的属性和行业特征。

2. 国潮元素的选择与产品之间有相关性。

3. 准确使用国潮元素。

4. 画出平面展开图、三维效果图，制作出包装实物。

第四章
智能包装设计

课前思考

1. 你认为智能包装应该具备哪些特点?
2. “智能”的体现是动态的吗?
3. 请列举出两三个你身边的智能包装案例，并说明它的“智能”是如何体现的?

在包装领域，随着包装材料、包装结构和信息化的发展，智能包装通过科技的手段为包装赋能，使其逐渐成为近年来的研究热点，并将继续成为包装的发展方向与趋势，这也是包装行业创新发展的重点领域。1992年12月，世界上第一次关于“智能包装”的国际会议在伦敦举办，该次会议为智能包装下了这样一个定义：在一个包装、一个产品或产品包装组合中，有一集成化元件或一项固有特性，通过此类元件或特性，把符合特定要求的智能成分赋予产品包装的功能之中，或体现于产品本身的使用之中。具体为：利用新型的包装材料结构与形式，对商品的质量和流通安全性进行积极干预与保障，利用信息收集、管理、控制与处理技术完成对运输包装系统的优化管理等。这就是最初在国际中得到公认的“智能包装”定义。

智能包装融合了通信工程、包装工程、印刷工程、生物学、物理学、电子信息、化学、材料等多学科技术，赋予包装产品感知、通信、记录、交互、追踪等功能。通过信息化手段持续跟踪、实时反馈、记录包装流通全链条的信息数据，实现更好的产品保护、方便运输流通，并有效收集、记录数据信息（图4-1），智能包装实现包装信息功能的有效扩展和延伸，其核心是数据信息的传递和交流，通过赋予包装智能化技术，实现从原材料供应、产品制造、产品包装、物流配送、消费和包装废弃物回收利用等全过程的信息感知、储存、传递、反馈等。

图4-1　智能包装概念示意图

第一节 智能包装概述

自21世纪以来，人类社会迎来了数字化时代，智慧生活、智慧出行、智慧城市、智慧物流等理念的出现和实施，使原本的社会生活发展方式发生了巨大的变化。包装是社会经济活动中不可缺少的环节，受到社会变迁的影响，近几年，包装行业的专家和领导们已经充分看到了未来我国开发智能产品包装的利润面、市场空间及其发展的必要性；在《中国包装工业发展规划（2016—2020年）》中，也首次明确指出了智能包装是未来几年我国现代包装制品行业的重点。为了积极响应党和国家产业发展的重大战略目标，以及发展我国社会经济的迫切需要，智能化产品包装瞬时成为我国包装行业的发展热门，市场对其未来发展的期望值将会呈现出一个大幅度的直线上涨。

近年来，用户的消费习惯发生了巨大的变化，智能包装以其高效、人性化的交互方式，已经俘获了一大批用户的心。在"互联网+"时代，食品、日用品、医疗保健、家居、物流等领域，人们生活的方方面面都需要智能包装的加持，需要智能包装利用各种手段最大限度地保证应用行业的产品完整性，这就为智能包装市场的发展提出了越来越高的要求。例如，百事可乐与QQ合作推出了AR表情瓶，只要扫描瓶身的定制表情就能观看一段有关欢聚、音乐、运动和美食四大主题的趣味动画短片，借此，百事可乐和QQ获得了品牌宣传的共赢（图4-2）。5G时代已经来临，智能包装将迎来一个快速发展的市场和机遇，只有把智能包装的整体美学性质梳理清楚，将先进的设计理念、设计方法、相关技术与材料的艺术性紧密地结合起来，才能最大限度地开发好智能包装领域。

一、智能包装的功能

1. 增强保护功能

产品在流通过程中，对安全风险的把控一直是包装所要解决的重要问题。这里的安全风险主要指外界环境的碰撞安全、仓储环境的管理安全、产品自身的质保安全以及人为因素的防盗、防伪安全等。因为技术发展与社会观念的局限性，传统包装通常采用缓冲结构与缓冲材料来保证产品在流通过程中的碰撞安全。随着人们生活方式的变化，以及网络购物与电商物流的快速发展，传统包装在保护功能上的局限性愈发显现。而智能包装能以跨学科的材料和技术赋予产品恰当的结构，实现对产品的

图4-2 百事可乐AR表情瓶/图片来自网络

增强型保护功能。这种增强保护功能是指智能包装可以依据特定产品的保质、保鲜原理在包装上使用特定的技术和材料，对产品流通中的包装保护环境进行积极的干预与保障，降低被破坏的风险，尤其适用于生鲜、生物样本这类对储存和运输环境要求较高的产品。例如，图4-3所示的这款新鲜度指示剂标签的设计原理是：当包装内的鲜肉处于新鲜阶段时，指示剂标签显示为上部浅蓝色，下部白色。随着时间的推移，肉类的新鲜程度会逐步下降，指示剂标签也会随之发生变化，漏斗上部颜色逐渐由浅蓝色变成白色，而下部由白色变成蓝色，消费者和管理人员依据新鲜度指示剂标签颜色的变化程度来识别鲜肉的新鲜程度。

2. 增强信息传达功能

包装的信息传达功能是指利用包装向消费者传达产品的相关信息。人体对外界信息的接收和感知是通过视觉、触觉、嗅觉、听觉和味觉这五感进行的。智能包装利用新型技术或移动终端设备打破了传统包装的信息传达限制，实现增强型信息传达功能。具体表现在两个方面：一是信息传达形式互动性更强，消费者可以参与到其中。智能包装通过声、光、电的结合使包装的信息传达由原来的视觉和触觉拓展到基于视觉、触觉、嗅觉、听觉和味觉五感混合的多维感官表达，在包装设计中多方面、多层次地开发与触动消费者的感官机能，在传达商品信息的同时能提升品牌魅力与档次，增加包装的销售价值。二是信息传达内容丰富多样，层次感较强。智能硬件中的储存器件和移动终端的结合使用，使包装能够传达丰富的信息内容。在包装上使用储存器件，就是将所传达的信息储存在包装本体上，通过发声或发光的形式表达出来；使用移动终端则是包装上添加入口，用互联网技术将云储存的信息呈现在手机和其他设备上。智能包装除了实现信息传达的功能外，也增加了信息传播的质量和效率，还增加了包装的个性化和情感交互体验。例如，Pilleve是一种智能药丸瓶（图4-4），该药丸瓶带有一个已连接的智能手机应用程序，应用程序可以实时、准确地监测患者的药物摄入量，同时始终保持药物摄入量的安全，目的是从一开始就帮助用户控制自己的摄入量并对其负责。如果情况允许，实时监控器可以提醒家人或医疗机构及时采取行动，甚至挽救生命。

Pilleve药瓶的分配器有一个滑动开关，从用户开处方的第一天开始就可以分配所需的确切剂量，

图4-3 新鲜度指示剂标签/设计：直树 · 希罗塔（Naoki Hi-rota）

图4-4 Pilleve智能药丸瓶包装1/设计：武克 · 德拉戈维奇（Vuk Dragovic）

并使其成为一种习惯，这也有助于减少每次需要购买新容器时产生的塑料废物。该药瓶有咖啡杯一样的大小，可以轻松携带和存放在任何地方（图4-5）。

3. 增强促销功能

传统包装主要是依靠包装本身的装潢设计和造型设计来吸引消费者的关注，从而激起消费者对商品的购买欲望。而智能包装的出现打破了以往包装的“无声”状态，可以用一种“有声”的方式呈现在消费者面前。这种“有声”的包装不仅仅是指智能语音包装，还指通过其他终端展示的平台式包装等多展示形式的智能包装。除了产品信息引导和展示的功能外，还可以对商品进行受潮情况、承重指数、温度变化等的提示。智能包装的增强促销功能表现在两个方面：第一，能创造独特的感官享受。

图4-5　Pilleve智能药丸瓶包装2/设计：武克·德拉戈维奇（Vuk Dragovic）

有声的智能包装，带给消费者惊喜的娱乐体验，激发消费者的好奇心理，并获得消费者的额外关注，有利于产品在同质化的包装市场中争夺竞争的主动权。第二，提供商品的安全信息，增加消费保障。有声的智能包装，可以利用监管功能来让消费者对商品的整体生产过程有详细了解，从而建立品牌信任，提升包装商品价值。例如，乳业品牌Maeil的牛奶包装上简单、明了的标签设计会随着时间和保质期的增加，从“Milk”逐渐变成“ill”，旨在提醒看不懂复杂标签或者难以注意到保质期文字的孩子，避免喝到过期的牛奶引起食物中毒，这样的包装设计既有创意又有人性关怀（图4-6、图4-7）。

4. 管控功能

智能包装中的管控功能主要建立在智能包装技术基础上，以提升产品安全、提高操作效率和操作准确性为目标，以产品质量、数量和使用者行为为规范为主要管控内容，使包装在流通和使用过程中更加安全、高效、便捷。传统包装虽然在保护商品、方便储运、促进销售、信息传达等方面起到了一定的作用，但是应用范围与功能效果有限。智能包装的管控功能是利用智能控制系统，结合大数据和人工智能技术，实现对包装内商品及流通过程中的监控与管理，通过及时反馈信息来加强包装与消费者的联系，提升包装使用的安全性。这类包装通常采用光感应器、压力感应器、声音感应器、温度感应器等数字感应器，或者温敏、热敏、光敏、气敏等

图4-6　Maeil牛奶包装1/设计：韩国东西大学

图4-7　Maeil牛奶包装2/设计：韩国东西大学

感应材料最终实现包装警示与管控的特殊功能。这种具有管控功能的智能包装不属于通用型包装，但具有很强的针对性，特别针对传统包装领域不能被满足需要的特殊人群、特殊环境、特殊产品等，其功能价值的优势就更为明显。图4-8是一款日历保健品包装设计。现在由于生活和工作上的压力越来越大，越来越多的人需要服用保健品，大多数保健品是每天服用才能发挥作用，但又由于生活和工作的快节奏，人们总是忘记吃它，因此这款设计将保健品包装与日历相结合，提醒用户使用与日历上的日期相对应的药物，这样用户可以很明显地看到自己每天是否已经服用，实现了智能包装的管控功能。

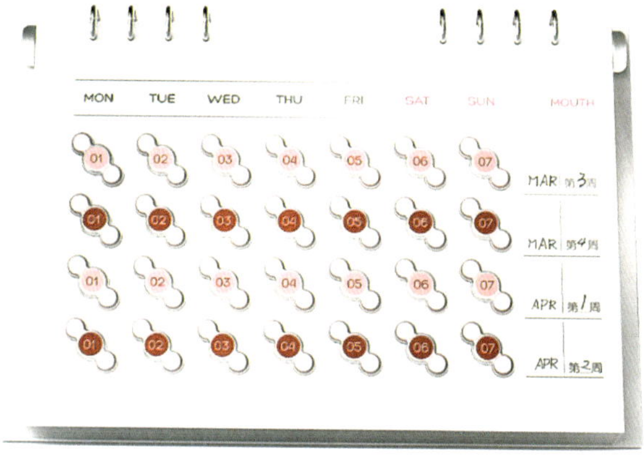

图4-8　日历保健品包装/设计：摩恩·文（Moen Wen）

二、智能包装的特点

1. 信息识别性

智能包装的信息识别性体现在，它可以联通起包装从生产、销售、售后的整个环节，并对其中的信息进行认知和识别。另外，智能包装之所以智能，还在于它可以通过处理多层的或是不同的外界状况来感应并识别，进而进行主动的自我判断，对相应的环境做出相应的回应，并通过不同的形式表现出来，以达到预先设定好的目的，这就是智能包装的信息识别特点。

2. 实时感应性

智能包装的实时感应性体现在它可以通过材料自身的智能性、传感器等来对周围的环境展开特定的反应，对其设置好的环境反应因子十分敏感，并且随着环境的变化，智能包装也相应地发生变化，及时给出反馈。例如湿度传感包装，它能够通过湿度传感材料及时感应环境中的水分，若含水量达到一定的值时，温度传感器会发生颜色的变化，给出相关的反馈消息，这就是智能包装的实时感应性。月亮的洁净之美让人们自古以来就对其有探秘和追寻之感。图4-9是由“慢物质”团队设计的一套漂亮的月球灯月饼中秋礼盒包装，该设计获得2021年红点设计大奖。纯白烫透纸的浮雕月球，纹理摸上去十分有质感，内置发光灯及重力感应开关，将其正立，月球即亮，发亮后像极了一个真实的月球，放在床头，也能带着美好的心情入睡。

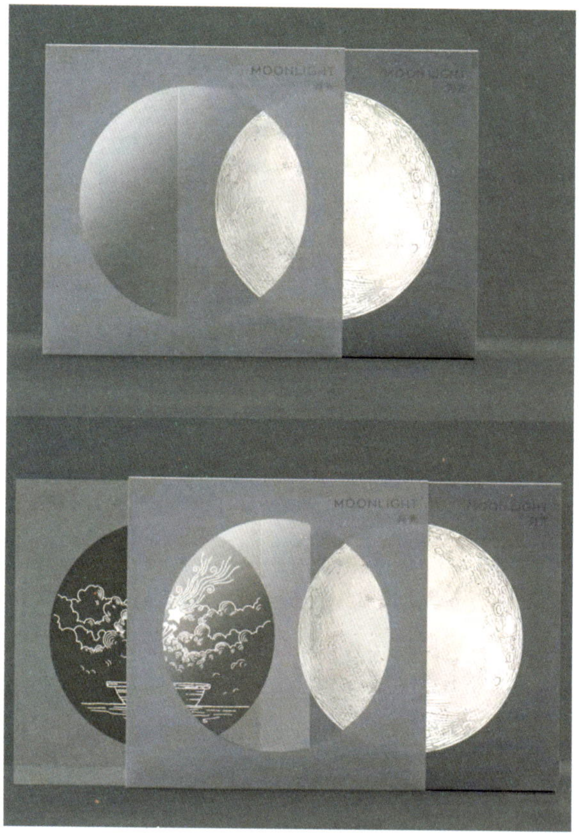

图4-9　月球灯月饼中秋礼盒包装/设计：慢物质团队

3. 动态调控性

智能包装对周围环境系统进行深度感应和自动识别后，还可以针对周围环境中的变化自动调节自身的适应条件或进行修正，以便快速适应因为周围环境的不断变化而可能带来的环境影响。气调包装即是如此，它就是利用包装材料自身的化学特性和各种化学反应，通过一系列的化学气体和各类物理化学含量法，来调控产品包装内部的各种气体含量，以此来达到有效延长包装产品使用期限的目的，这就是智能包装的动态调控性。

三、智能包装的设计原则

智能包装设计和传统的包装设计相比，在设计的方法和过程中有着差异性和独特性；而在包装的功能上，智能包装不仅具备传统包装的基本功能，还在此基础上添加了某些新的功能，比如对产品运输流通的管理、对产品安全性能的提高、对产品附加值内容的丰富，以及使产品在使用过程中更加便捷等。因此，智能包装在设计中要注意如下原则。

1. 更加人性化

包装要进行智能化的设计应该建立在产品特点、消费者对产品的需求和接纳程度等的基础之上，并非所有的产品包装都适宜采用智能设计，也并非任何人群都可以接受智能设计。因此，在进行智能包装设计的课题研究和实践过程中，首先需要分析产品特点、准确定位受众群体、预估成本以及考虑使用场合。例如，Pill‘CLOK智能药盒主要针对记忆困难、健忘人群而设计，是一个可配置警报的数字药盒，通过手机App连接药盒并设置时间，就能够及时地提醒用户准点吃药（图4-10、图4-11）。

2. 更注重包装与人的互动性

与人的互动性是智能包装与传统包装在包装使用环节中存在的重要区别。传统包装的设计总是以产品，即被包装物为出发点，而智能包装更注重人们在使用过程中人的使用体验，这种体验集中在包装和人的交互行为上。因此，如何提升这种交互行为的体验，拉近包装与人的关系，成为智能包装设计的要求之一。例如，K! ek是一种颠覆性的胶囊配药器（图4-12），它快速、卫生，并将获取药丸的日常任务变成一种有趣的体验。K! ek专注于卫生，这也为它提供了附加价值，使无论是专业的还是普通的用户，都可以在完全消除与那些不使用的产品接触的情况下，获得胶囊。该包装有一个简单和创新的机制：只需注入塑料零件，不添加任何金属弹簧或其他组件，便使容器运作，并为它提供大量的

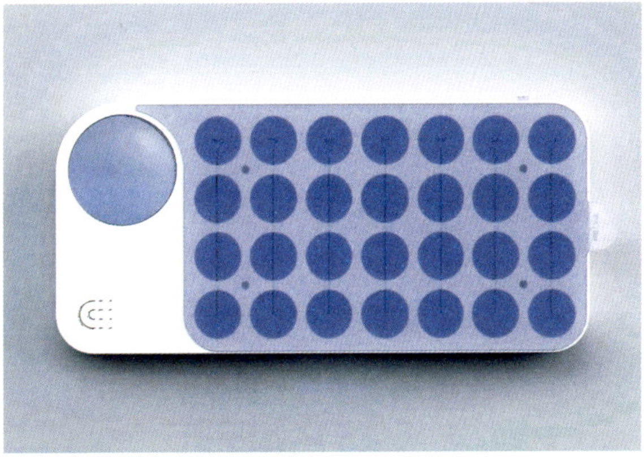

图4-10　Pill‘CLOK智能药盒1/设计：法比安·瓦迪略（Fabián Vadillo）

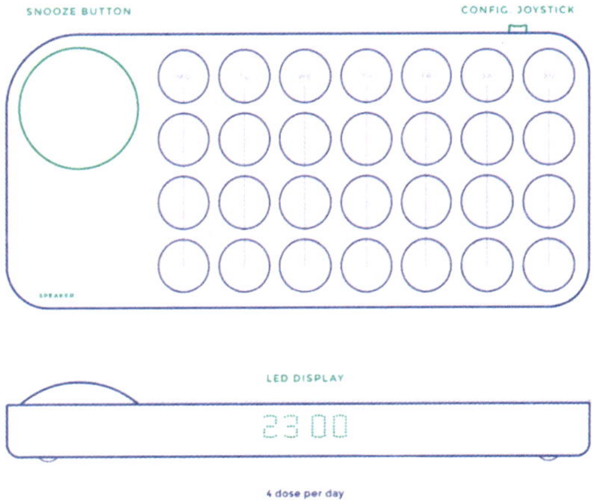

图4-11　Pill‘CLOK智能药盒2/设计：法比安·瓦迪略（Fabián Vadillo）

图4-12　K! ek胶囊配药器包装/设计：安里克·罗维拉·科斯塔（Enric Rovira Costa）

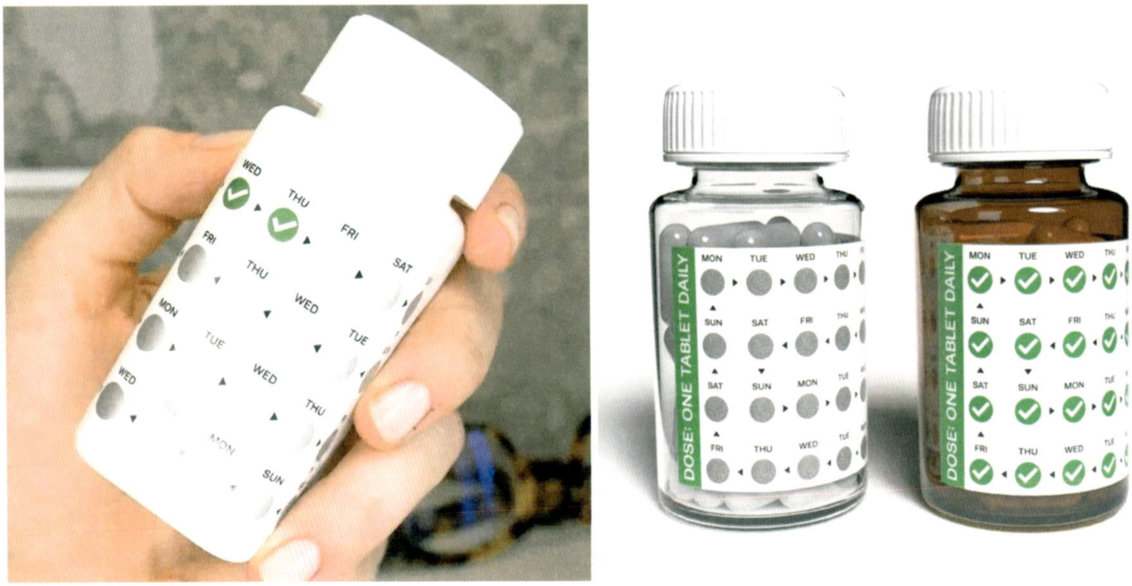

图4-13　FabriSol药瓶包装/设计：瑞奇·斯托赫（Ricky Stoch）

动力；直观、简单和实用的包装，设计便捷、容易操作，且符合人体工程学，往往只使用一个拇指就可以使用。

FabriSol是一种黏性标签（图4-13），主要是用来帮助很难记住服药的HIV+患者更好地服用日常药物。它位于抗逆转录病毒药物包装的正上方，使用了28种金属刮痕贴，以帮助患者在4周内每天跟踪自己的药物摄入情况。当患者服用药丸时，他们会刮掉当天的金属涂层，充分体现出产品与消费者的互动性。同时，FabriSol既可以装在瓶子上，也可以装在药盒上，并一包带有多个贴纸，可以在旧瓶子用完后贴在新瓶子包装上，方便又环保。

3. 保证成本的合理性

智能包装应在满足必要功能及需求的前提下，保证成本的合理性。由于采用智能包装的形式往往会提升产品成本，从而影响产品本身的定位和定价，以及产品受众群体的购买行为。因此，可以说成本问题仍然是智能包装推广和应用中不可回避的问题。所以我们在进行智能设计的过程中，对成本应该有一个合理的规划。如果是成本价值含量低的产品使用智能包装形式可能带来的是成本巨幅提升，除非使用智能包装技术能使该产品的价值也能得到相匹配的增加。此外，智能包装形式也可能会增加消费者的学习成本，降低消费者的购买欲，所以对某些包装来讲，消费者的学习成本也应作为判断的依据之一。

4. 更具有艺术性

智能包装设计在表现形式上应更具有艺术性。一方面，智能包装不仅是工业时代的产物，还是一种设计师设计思想的传达介质，需要打破工业产品给人的距离感，同时注重人们的审美感受；另一方面，随着人们生活水平的提高和审美品位的上升，富有艺术性的包装设计更易吸引消费者的关注，并匹配受众群体的审美需求。因此，智能包装在设计时也应注重形式的艺术化表达，而不是一种单纯的技术产物。此外，智能包装设计还应充分考虑消费者的文化与价值取向，在传统包装中挖掘其合理方式，以体现历史的延续性和文化的传承性。智能包装作为一种手段，应该成为一种我们更好继承中国传统文化的手段。例如，昆仑雪菊的定位为高端茶饮，其包装创意围绕昆仑山纯净、健康的环境特点展开（图4-14）。整个包装盒子均采用白色，以体现昆仑山特点，同时对盒子上的菊花进行提炼设计；外盒打开后是层层阶梯，结构感强，体现出积极向上的精神；包装盒材质运用LED灯与磨砂胶片材质，结合智能科技，通过图形镂空的方式创造闪闪发光的灯光效果，使菊花仿佛绽放一样。此外，包装盒可充电，作为家居灯饰及收纳盒循环使用；内盒选择了黑色，与外盒的白色

图4-14　昆仑雪菊茶饮包装（概念作品）/设计：柏星龙创意包装

形成强烈反差，并以镂空的形式露出里面的产品；外盒还采用环保纸张，点缀烫金工艺，体现产品的精致感，同时星光膜的使用，也增加了产品的档次感。整个设计干净、简洁，包装盒开启时为消费者制造层层惊喜，互动感强。

5. 注重环保

商品的包装废弃物造成的环境污染问题已经不容忽视，智能包装设计在实现特殊效果和功能的情况下，要同时兼顾环保。既要考虑包装材料的安全、健康，还要做到这些材料能够简单地、最大可能地被回收利用，实现“智能”与环境和谐共处。

例如，在SOLAR MEDIA太阳能灯的包装中，设计师将一块太阳能板、一块屏幕、三套节能灯和其他配件通过紧密的结构，集成在一个抽屉大小的瓦楞纸纸盒中（图4-15）。人们在取出里面的灯具及设备后，原本的包装会形成一个可长期存放的抽屉。用来区隔不同产品部件的隔板，通过简单地撕拉和折叠，可以立刻变成几个不同大小的衣架。六套产品会通过一个大的外箱进行集成运输，外箱通过简单的处理，还可以变成一个可以用来悬挂衣物的衣柜或六斗柜，进而经销商可以将空置的外箱以非常低的价格卖给消费者使用（图4-16）。该包装的材

图4-15　SOLAR MEDIA太阳能灯包装1/设计：潘虎包装设计实验室

图4-16　SOLAR MEDIA太阳能灯包装2/设计：潘虎包装设计实验室

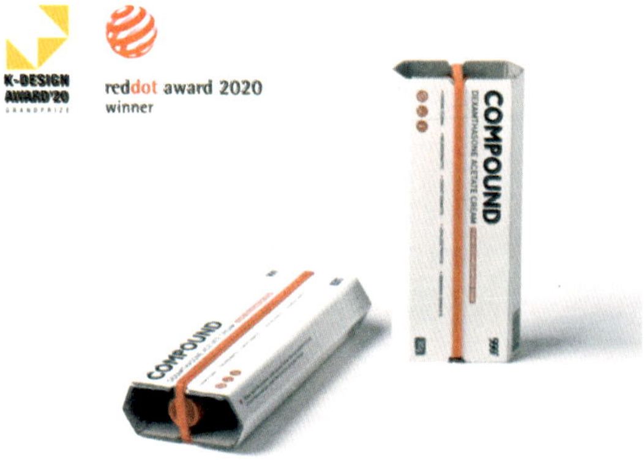

图4-17 “一张硬纸板”药品包装1/设计：黄奕凯

图4-18 “一张硬纸板”药品包装2/设计：黄奕凯

料使用可以回收的高强度防水瓦楞纸，具有极高的耐用性，人们可以用他们来存放碗碟、食物或衣物。设计团队希望这套包装可以让消费者不多花一分钱的同时，改善一些生活条件。而这一点点细微的改变背后，也可以节约自然资源，改善日益恶化的自然环境。设计团队也希望通过这类产品包装的设计，在一定程度上提升世界上BOP人群（金字塔底层人群）的基本生活条件，打造出具备社会责任感和文化责任感的作品。

由于对环保问题的关注和研究，智能包装界不断产生精妙的创意。如图4-17、图4-18所示，这款名为“一张硬纸板”药品包装设计重新定义了包装盒与说明书的关系，以一张硬纸板对药膏进行包裹，并用橡皮筋捆绑固定，使包装变得干脆利落。硬纸板的内页印有文字说明书，取下橡皮筋，打开纸板，所有文字信息便呈现在眼前，不再需要另外的纸质说明书。整体结构合理，信息传递准确且用材较少。

第二节　智能包装的种类

20世纪80年代出现的儿童安全包装和防窃包装可视为智能包装的雏形；进入21世纪后，伴随着新材料的出现、芯片技术和信号处理技术的发展，作为智能包装主力军的RFID（无线射频识别）包装、TTI（温度-时间历史记录标识）包装、活性包装、发光包装等异军突起，智能包装才更多地被大众所熟悉。智能包装发展至今，种类已十分丰富。按其体现智能化方式的不同可分为3类：结构型智能包装、信息型智能包装及材料型智能包装。

一、结构型智能包装

包装的装潢、造型和结构是包装设计的三个层面。如果说装潢是包装的“脸面”，那造型是包装的“血肉”，结构则是包装的“骨架”，支撑包装实现其各种特

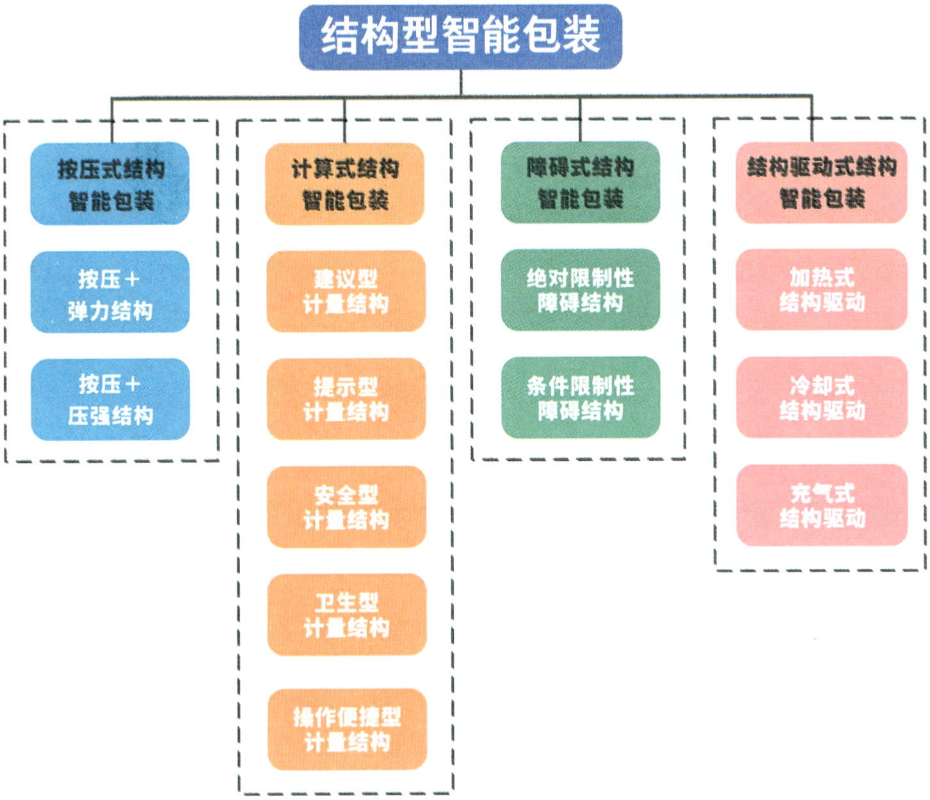

图4-19　结构型智能包装分类体系图

殊功能。关于包装结构，是指包装设计中各个有形部分之间相互联系、相互作用的技术方式。而具体的包装结构设计则包含着包装本体与内容物之间的适配关系、包装系统与外界环境的协调关系以及多层包装结构内部的组合关系等。随着对包装设计研究的逐渐深入，业界出现了一些通过包装结构来减少使用者操作的包装，即操作便捷型智能包装的设计。较之传统包装，这类包装具有新的特殊功能和智能特征，从保证包装整体的稳定性、易用性及可靠性，延伸至更深层次的安全性、便捷性以及管控性等功能特性，因此这类包装统称为结构型智能包装（图4-19）。结构型智能包装借助压力、弹力机械设计等物理学原理，采用、增加或者改进某些部分的包装结构，使包装拥有某些特殊的功能和智能性特征，满足包装使用更加简洁、方便、安全的需求。图4-20、图4-21是微软公司开发的一款产品外包装设计，这款设计通过包装结构来减少使用者的操作，即是结构型智能包装，因为整个开启过程只需消费者单手完成，而且只需要撕开表面胶带而已。

HOT MAGIC CUP BOWL是速溶味噌汤的包装设计，这个包装属于典型的加热式结构驱动智能包装（图4-22、图4-23）。当热水倒进去时，这种速溶味噌汤的形状就会发生改变。密封在两层纸杯内部的热收缩膜会随着热水的热量收缩，导致杯子外层呈现出传统的日本汤碗的形状，从而让消费者以一种“正宗”的方式享用食物。

二、信息型智能包装

信息型智能包装是通过化学、微生物学、动力学或电子技术来记录和反映内装物及其品质在储存、运输、销售过程中相关信息的包装，其主要应用了RFID技术和二维码技术。

图4-20　XOXO电子产品包装1/设计：微软公司

图4-21　XOXO电子产品包装2/设计：微软公司

图4-22　HOT MAGIC CUP BOWL包装1/图片来源于网络

图4-23　HOT MAGIC CUP BOWL包装2/图片来源于网络

1. 基于RFID的信息型智能包装

RFID是一种利用无线射频进行非接触双向通信的识别技术，它通过射频信号识别并处理商品的相关信息，进而完成对产品的识别或控制功能。RFID具有存储量大、读取距离远、高效、可靠等优势，目前已应用到许多领域。RFID通常由两个重要组件组成：RFID标签和RFID读写器。首先须将RFID标签贴于外包装上，当带有RFID标签的包装件进入磁场感应区后就会产生感应电流，借此将信息无线发送给RFID读写器；读写器将收到的信息上传至RFID电脑终端，经电脑分析处理后的数据又可反馈给RFID标签。这些数据一方面供消费者了解产品信息，另一方面又可供生产商远程掌握产品状况，从而更好地调整销售策略。

2018年左右，百事可乐在美国推出了自己的会员计划“PEPCOIN”（图4-24），用户购买带有“PEPCOIN”标记的零食和饮料后，用手机扫描产品上的二维码或在PEPCOIN官网上输入验证码，

图4-24　百事“PEPCOIN”会员计划/图片来源于百度

图4-25　“水之声”系列矿泉水包装1/图片来源于百度

图4-26　“水之声”系列矿泉水包装2/图片来源于百度

便可获得最高达10%的返现，活动覆盖的产品超过70种。随着健康消费理念深入人心，人们购买碳酸饮料的频次日益减少。百事提出“PEPCOIN”会员计划，是希望通过返现来刺激消费。而在线发展会员也便于收集和了解消费者的信息和购买行为，能够为分析消费者偏好、制定产品市场策略提供参考。最后，建立会员模式也有助于培养消费者对品牌的忠诚度。

2. 基于二维码技术的信息型智能包装

目前，以QR（Quick Response）码为代表的二维码与AR（Augmented Reality，增强现实）、VR（Virtual Reality，虚拟现实）等技术的结合，为消费者提供了智能化的消费体验。二维码技术在代码编制上巧妙地利用了0、1比特流的计算机内部逻辑概念，运用多个与二进制对应的几何图形来表达文字数字的相关信息，通过光电扫描设备或图像输入设备自动识别处理信息。不同码制的二维码技术具有特定的字符集，每个字符占用一定的宽度，且具有一定的校验功能。二维码技术如今在包装中运用得十分广泛。例如，“水之声”系列矿泉水包装（图4-25、图4-26）将现代二维码技术与包装设计相结合，除了将声波设计成类似自然山水的图案造型，扫描二维码后，不仅可以听到大自然的水声和鸟鸣，还可以看到一个视频，该视频的画面拍摄选取了整个乌克兰西部12个风景如画的地方，将喀尔巴阡山脉的所有声音和美丽景色表现得淋漓尽致。该设计通过“水之声”的诞生地与音乐的有机结合，使消费者切身感受到喀尔巴阡山脉的美丽、纯净和力量，同时，这种充满互动和趣味的形式也加深了消费者对“水之声”水源的信任感。

相比于传统的一维条形码，二维码技术具有多个方面的特点。二维码技术编码密度高，信息容量大，最大可以容纳1850个大写字母，或1108个字节，或2710个数字，或500个汉字，超出一维条形码几十倍。二维码技术编码范围广，可以将文字、图片、声音等多种信息进行编码。二维码技术的容错能力很强，且具有纠错功能。在二维码受到局部污损破坏，甚至损毁面积达到百分之五十时，照样可以正确读取二维码所包含的信息。二维码技术的可靠性也很高，相较于传统一维条形码，二维码技术的译码错误率只有不到百万分之二，误码率更是低于千万分之一。此外，二维码技术的保密防伪性能优越，制作简单，成本低廉，形状尺寸皆可按需要改变，还可以使用激光或CCD阅读器识读。这些都是传统一维条形码所无法比拟的。

图4-27　gogol mogol智能鸡蛋包装/图片来源于网络

三、材料型智能包装

随着智能包装的发展和更新，市场上出现了大量以材料为基础的新兴智能包装形式。这里的材料型智能包装是指通过运用一种或多种具有特殊功能的新型智能包装材料，改善和增强包装的功能，以达到和完成特定目的的新型智能包装。这类包装是建立在材料的特殊性与被包装物质量和生命周期联动的基础之上，利用新型智能包装材料能够感应、识别和变化的特性，科学、合理地通过多种艺术表现形式，可以使消费者在了解商品信息的同时享受更多精神愉悦，在包装的展示销售、保鲜提醒、商品防伪以及安全防护等方面具有良好的应用前景。

例如，2012年获得Pentawards金奖的gogol mogol智能鸡蛋包装（图4-27），就引入了一种新的烹饪方法，设计师将每个鸡蛋都放在一个单独包装的回收纸板里，纸板下面的第二层中放入催化剂，在催化剂的下面是一层膜，可以将鸡蛋和第三层智能材料隔开，当膜通过标签被拉出时，催化剂和智能材料之间会发生化学反应，鸡蛋开始升温，几分钟后，打开包装的盖子，鸡蛋就被煮熟了。这样的设计值得被称赞，不仅改变了以往的包装设计模式，还增加了包装的功能设计，用极小的成本，为消费者提供了极大的便利，而且没有了地域限制，无论在任何地方，消费者都可以吃到熟鸡蛋。

材料型智能包装，作为一种以材料为基础的智能包装形式，在长期的探索过程中所应用的材料种类也更加多样化，如光电、温敏、电敏、湿敏、气敏、水溶、活性等材料。其应用方式主要有两种：一种是将指示剂或功能材料添加至油墨中，通过印刷方式来显示在标签或者包装上。例如，卡尔·克瑙尔（Karl Knauer）首推的孟买蓝宝石金酒包装采用OLED（Organic Light-Emitting Diode，有机发光半导体）发光油墨印刷（图4-28）。当包装被拿起后，包装上的图案会依次变亮，每18s循环1次，新奇有趣。这款智能包装既提高了产品档次，吸引消费者，又能起到防伪作用，增加了产品价值。它是在电致发光油墨的基础上的一个创新，是第一次成功地将发光油墨应用到包装设计中。另外一种是利用指示剂或功能材料制成包装材料，并运用于包装制作之中，使包装本体具有智能的特征。应用于智能包装中的材料主要有变色材料、发光材料、水溶材料和活性材料四类。例如，轩尼诗在其限量版白兰地酒的包装设计中使用了一种独特的RGB技术（图4-29）。在每一个包装中都会有一张红色、绿色和蓝色的透明滤光片或LED灯，消费者在滤光片或LED灯下观看时，会看到所选颜色的图形，而其他两种颜色就像变魔术一样消失了。当消费者在家中观看图案时，会有一种身临其境的感觉，无论在视觉上还是心理上都会形成一种震撼，直击消费者的内心。视觉上的设计无论何时都能在感官上打动消费者，因此在包装设计上增加视觉技术的应用，是最能打动消费者的创新形式之一，但是这需要前沿的技术支持，设计者要选择合适的视觉技术，才能创造出令人震撼的视觉效果。

图4-28　孟买蓝宝石金酒包装/图片来源于网络

第三节　智能包装的视觉设计

一、图形

在智能包装中，借助于新型材料和智能技术，图形的设计比传统包装有更大的表现空间。智能包装可以借助图形的透明度变化来传达智能信息，即利用时间变色材料、温度变色材料、光敏变色材料等，结合特殊的图形，达到传达信息的目的。美国麻省理工学院计算机科学与人工智能实验室的科学家们发明了一种叫做“变色龙墨水”的神奇颜料，能让鞋子、手机壳和车身变化不同的颜色。这种颜料是按照一定配方将青色、洋红色和黄色三种对光有反应的特殊染料混合，制成一种特殊的“墨水”，将“墨水”喷洒在需要变色的物体上，再根据预先设计好的程序使用UV光线对物体的不同部位进行精准照射，就能激活颜料中不同的颜色，颜色和图案形成以后仍然可逆。这项技术已经比较成熟，目前研究人员还在改进颜色的准确度，很快就能投入市

图4-29　轩尼诗限量版白兰地酒包装/图片来源于网络

图4-30　应用“变色龙墨水”的鞋子/图片来源于网络

图4-31　图形透明度变化

场（图4-30）。因此，借助于新兴的智能技术，包装设计人员可以创作出前所未有的图形。

图形的透明度变化多在食品包装上。即通过图形的透明度变化来指示外部食品包装的保质期或内部食品的新鲜度。当一个食品包装内的产品开始出现轻微变质或已经超过保质期，预先设计好的图形就会开始逐渐出现透明度的改变，由清晰逐渐变得模糊，直到最终消失不见。例如，图4-31中的二维码造型的图形，就是以图形透明度的变化来传递信息，随着时间的推移，二维码图形的特殊材料会与空气发生反应，图形逐渐消失，无法扫描，这也就传递给人们商品有过期风险的信息。这类透明度变化的图形标签，可以直接让被损坏或变质的商品包装以最显眼的视觉形式展现在消费者面前，既便于产品商家快速、准确地锁定被破坏的商品包装，也便于消费者及时发现，避免权益受损的状况。

图形形态的变化是图形变化中最具有趣味性的视觉表现方式，这类图形的形态设计既是作为装饰出现，又需要结合商品风格、企业文化等内涵来传递出品牌理念，达到品牌宣传的目的。将产品的造型与图形设计结合起来，呈现出一个整体的视觉表现形态，能够更好地传递出产品的内涵。例如，消费时代的到来，让越来越多的消费者开始追求个性包装，澳大利亚创意方法工作室为了满足客户的这种个性化需求，设计了带有圣诞节定制标签的饮料包装（图4-32）。该包装的创作对象是客户的脸，将客户的脸通过一定的技术和可变数据打印创建一系列标签。这类标签中客户的脸会经过数据而进行

图4-32　带有定制标签的饮料包装/图片来源于网络

不同的伪装，因此每一个图形都是不同的。这样的设计与客户之间建立了直接的联系，能够增加客户对设计团队和产品的好感度。

智能材料增强了图形设计在包装中的表现力，使得智能包装更有活力。图形的变化在智能包装设计中承担着主导地位，它既大幅加强了消费者的直观感受和视觉体验，又大力提升了消费者对于产品本身的认识，有利于商品品牌文化的有效传播，更利于企业品牌形象的宣传和推广。

二、色彩

智能包装的色彩变化是通过在包装这个载体上运用变色材料来实现的。智能变色材料包装可以在特定情况下发生特定的变色反应，使消费者通过识别包装的内外部颜色是否发生了异常变化而获得信息，这种色彩变化最能吸引消费者的注意力，造成视觉上的充盈感，也会传递出一些心理暗示。它在实际包装中的应用也很多，如常常被用做实时显示、警告提醒、心理暗示等。根据色彩变化具体应用方式的不同，可分为以下三种：颜色渐变、颜色变化融入图形和颜色变化拟人化处理。

1．颜色渐变

在智能变色包装中，颜色渐变是一种最客观、最易实现的视觉表达形式，它是缓慢的、有过程的、有规律的、有秩序的连续变化，具有强烈的逻辑感和节奏感，同时具有审美性，深受设计师和消费者的喜爱。设计师在设计过程中，应该注意到的是颜色变化要符合人们的常规思维习惯，这样才能传达出与受众相接轨的信息，获得精准传达的效果，其设计方式主要有以下两种：

①颜色渐变破坏关键信息。颜色渐变破坏包装信息的这种视觉设计形式，不仅能够使消费者轻松地通过视觉分辨食品包装的好坏，而且还可以通过此种视觉的形态，在心理上引导消费者正确接受食品的过期或者变质暗示。更重要的一点是，被破坏的食品包装信息可以作为凭证，便于商家准确定位和迅速锁定已到期的包装。

②颜色渐变精准传达信息。在包装中通过色彩渐变精准传达信息与通过色彩渐变破坏关键信息的方式不同，后者在色彩渐变与心理暗示信息之间的关系是相冲的、对立的，目的是破坏信息；而在前者中，渐变色与信息之间的关系是递进式的、阶梯式的，目的是精准传达信息。

例如，图4-33展示的可测试紫外线的纹身贴纸就是采用了颜色渐变精准传达信息的形式。这款紫外线测试纹身贴，可以直接贴在物体上或人身上。图形为双层环，不受阳光照射时，内外环都为白色；

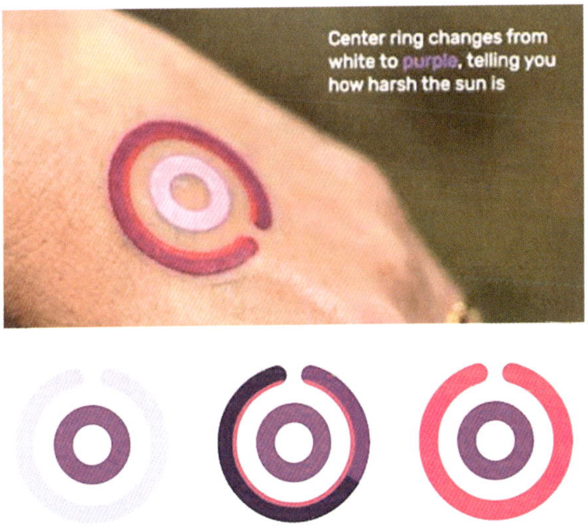

图4-33　可测试紫外线的纹身贴纸/图片来源于网络

受到阳光照射时，内环立刻变紫，这个紫分为三个不同阶段，紫红、茄紫、深紫，当紫色越深，表明此时紫外线的强度越大。这种色彩的循序渐进，符合用户的心理预期，当达到深紫色时，说明此时皮肤受到的紫外线已达到晒伤值，消费者会收到注意晒伤的心理暗示。

2. 颜色变化融入图形

智能变色包装在设计时经常会综合运用多种表现形式，比如这种将变色材料和图形完美结合起来的视觉表现方式，最好基于一定的创意或巧思，使得包装外观在视觉上锦上添花。

颜色变化融入图形的创意形式主要有以下几个优势：一是增强包装的动态性，包括动态变色和动态图形的效果；二是通过图形变色的设计，传递出品牌的文化和一些特定的信息。这种颜色变化融入图形的形式，不仅加强了视觉形态上的丰富感、灵活性和真实感，而且提升了品牌的独特之处和公众识别力。例如，2018年在土耳其上市的一款可口可乐包装（图4-34），它在外观上设计了冰块图形，并采用温敏变色油墨印制，冰块图形在普通状态下呈白色，但当感应到温度下降，如冰箱中为冰镇状态时，就会变成清爽的蓝色。这里的冰块图形设计与蓝白色变化融入得很好，蓝色的冰块直接暗示消费者此时的可乐是冰爽的。

包装外观设计里的图形创意、颜色变化等形式若能与企业的宣传理念、企业的定位或卖点相结合，并达到较高的契合程度，就能实现成倍的品牌宣传效果。在这点上做得比较好的案例有来自美国科多拉多的一家啤酒公司，此公司名下有一款名为Coors Light的啤酒包装（图4-35），它的变色材料与图形融合就是通过温敏油墨印刷实现的。包装瓶封面的图形是基于品牌定位设计而成的——为了使图形与品牌理念相匹配，设计师将图形设计为蓝白两色，当图形开始变蓝，表示此时为冰镇的，呼应了其“当山脉变蓝时，你的啤酒和落基山脉一样冷”的品牌理念。此创意设计在市场上大受好评，一上市销量便骤增。

3. 颜色变化拟人化处理

颜色之于智能包装的另一个深层次的用法是深入到消费者的内心和情感认同中去，这样的颜色设计会使消费者产生同理心，从而对产品产生好感。例如，俄罗斯的NAKED护肤品包装（图4-36），就采用了拟人化的设计原理，它是由一位女性设计师

图4-34　可口可乐包装/图片来源于网络

图4-35　Coors Light啤酒包装/技术支持：色度技术

图4-36　NAKED护肤品包装/设计：奈瑞汀·斯塔斯（Neretin Stas）

所设计，这一系列包装最特别的地方在于产品的拟人化变色反应。设计师将瓶子的外观设计为类似于皮肤颜色的肉粉色，使消费者产生熟悉感和安全感；当用手触碰时，感应变色材料会做出变色反应，包装瓶会由肉粉色变成粉红色，像是会害羞一样，因此设计师将设计理念定义为害羞的少女。当手停止触碰瓶身后，外包装的颜色就会恢复到原始的状态，于无形中增加了人与包装的交流互动。这种效果是因为设计师采用了温感变色涂料，也暗喻女性应该被温柔对待。

总之，色彩变化的视觉形态种类繁多，但都离不开两个中心点，一个是颜色的变化要符合常人的逻辑，二是颜色的变化要尽可能的具有创意和人性化特征。只有这样，消费者才能轻松地接收到产品包装传达出的信息。对于当代年轻消费群体来说，色彩变化类智能包装具有传统包装不可比拟的吸引力，设计师和经销商可以借助年轻人这一心理特点，将智能变色材料巧妙地应用到包装中去，增强产品的交互性，帮助品牌树立独特优势，增强企业竞争力。

三、形态

智能包装的形态变化是通过内部气体的相互作用，导致包装外在形态变化而实现的。置换气体包装、充气包装等气体材料包装都可以在特定情况下发生特定的变化反应，使消费者通过对包装外部形态的变化进行信息的判断。这种形态变化最具形象性，易造成视觉上的生动感，也会使产品与消费者的互动更加直接。根据形态变化的视觉表现目的不同，分为以下两种：外观形态上的仿生、仿生体验式的交互。

1. 外观形态上的仿生

一般情况而言，智能材料型包装的仿生形态包括以下两个方面：一是充气式包装，即指气调包装、置换气体包装等，通过包装形态的变化来增强消费者的视觉体验。在实际的包装领域运用中，它的表现形式多是通过外形的模仿和形态的变化来展现，如通过气体泄露变瘪或是气体相互反应变大来展示产品的异常。二是通过特殊的材料来展现包装形态的变化，如时间变化类材料，这类包装可以随着时间的变化让材料本身失去弹性和色彩，从而改变原有包装的正常形态来展示产品的异常。

例如，“This too shall pass”（一切都会过去）这款包装（图4-37）是用来盛

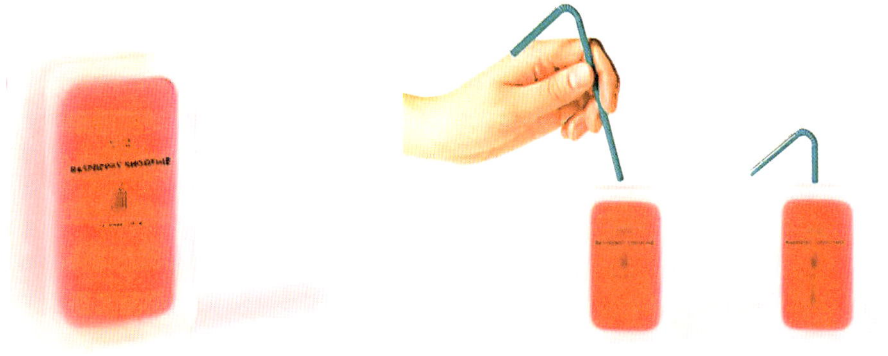

图4-37　This too shall pass奶昔包装/设计：明日机器工作室

图4-38　仿生包装/设计：明日机器工作室

放流质的奶昔，不仅对生态无任何伤害，而且还能够通过包装的形态变化，有效帮助用户准确辨别出食品的新鲜度。这款包装的仿生形态是由水和海藻凝胶材料组成实现的，从外形上看，质感如橡皮糖一般，形状十分软萌，造型简单大方，色彩鲜艳明亮，十分美观，受到大多数女性消费者的青睐。但这款智能包装最精彩的地方还在于：产品的外包装与产品内容物本身是以共生的形式共享保质期限的，随着时间的增加，它的外包装会和内容物一样同步发生变质，包装外形会逐渐变形、软化，包装颜色会慢慢暗淡、消失，像水果放久了似的，包装整体外观从视觉上就能明显观察到老化。

2. 仿生体验式的交互

这类仿生体验式包装在视觉形态上的特别之处在于：它从仿生形态出发，以外部形态为核心着手点，通过仿生的造型方式来创新包装的视觉形态，注重人的体验感和人与商品交互时产生的特殊视觉感和触觉感。

例如，“明日机器”工作室研发的这组包装（图4-38）就运用了仿生体验的理念。这两款包装分别用来盛装不同质地的内容物。其中一款油性物质包装是用焦糖制作而成的硬性包装，它的外观为绿色，质感模仿了鸡蛋，人们在使用时，既可以像打蛋一样敲碎包装，将内容物倒出去，也可以将包装一起放进锅里，因为这款包装的材料可以遇热溶解，无使用负担；另一款用来装干货的包装是用生物降解蜂蜡做成的，这款外包装的仿生体验式交互在于用户可以像撕开水果表皮一样轻易地撕开包装，具有非常独特的交互感和体验感。

第四节　智能包装技术

一、无线射频识别

无线射频识别（RFID，Radio Frequency Identification）是一种非接触式的自动识别技术，通过射频信号从贴在商品包装上的电子标签中读取相关数据，识别过程无需人工操作，可作用于各种复杂恶劣的环境中。RFID技术类似于条码扫描，通过RFID标签产生的特定工作频率将商品信息传递给RFID读写器，完成信息的输出和录入，最终传送给RFID系统，实现商品信息的统计。

RFID系统由电子标签、读写器和应用系统构成（图4-39）。电子标签的核心是电子芯片，它储存着对应的商品信息。读写器由射频接口和控制系统构成，主要用来读取或录入电子标签中所对应的商品信息，通过射频接口接收电子芯片发射出的射频信号，从而实现无接触信息传递，并通过控制系统自动分析接收信息，达到自动识别商品信息的目的。

目前，RFID技术在智能包装领域中主要有以下几个方面的应用：

第一，仓储管理。RFID技术在物流仓储领域有着广阔的应用前景，国外UPS、Fed Ex、DHL等物流巨头均致力于RFID技术的研究开发，以期通过在货物包装上大规模应用这种自动识别技术，有效提升物流货运效率，降低人工成本。在物流仓储中，RFID技术取代了传统配送过程中的人工验货、拣货、清算等流程，通过信息感应，实现出入库数据统计，大幅度提升物流管理能力和自动化水平（图4-40）。

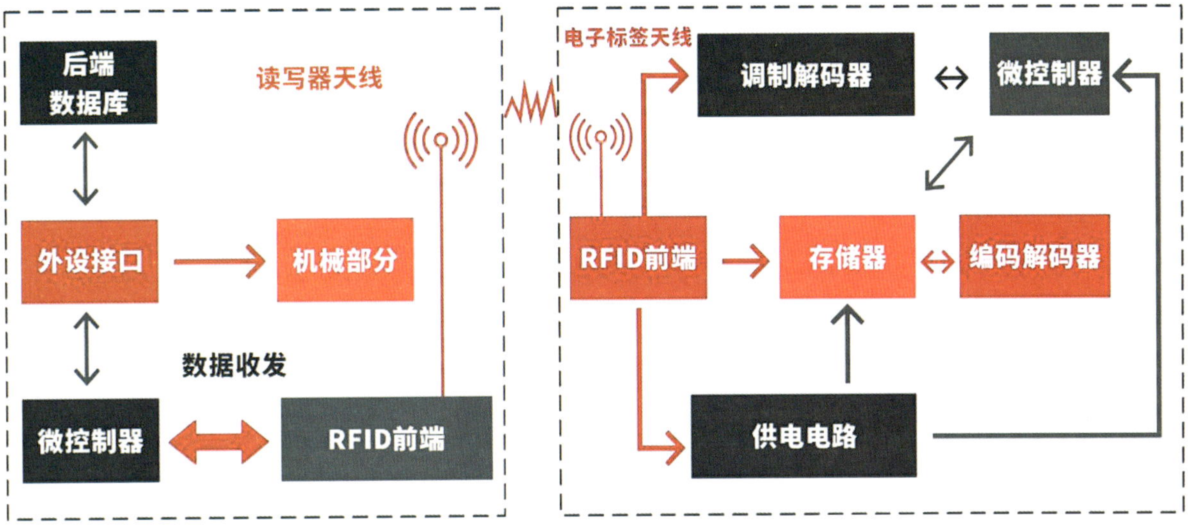

图4-39　RFID系统组成

图4-40　RFID使用原理/图片来源于网络

第二，零售管理。国内外众多知名大型连锁超市均在积极响应和倡导将RFID技术用于商品包装及零售服务的智能化，以期提高零售业的便利性。零售管理流程较为复杂，遵循全流程一体化的供应链模式，各环节相辅相成、缺一不可，同时企业必须对每个环节实行有效、精确的监督和管理，掌握整个商品、信息以及资金的流动和变化。RFID技术与智能包装的结合能为零售管理提供有效的监控，从而提高商品的盘点效率。此外，RFID技术还具备防伪溯源功能，可实现精细化、自动化的信息安全管理。

第三，医疗管理。医疗管理追求的是医疗产品的质量和安全，如何高效地实现医药商品的现代化管理一直是重点研究方向，同时也是RFID智能包装推广应用的重要领域。在药品管理上，采用RFID技术同样能有效提高药品的周转效率，并加以防伪监控。医疗废弃物属于危险品，在废弃物外包装上也需要采用RFID技术对其进行追溯管理。

第四，身份识别。RFID技术由于具备快速读取与防伪功能，被广泛应用于身份识别领域，如电子护照、居民身份证、管制场所（保密仓库/车间/实验室等）通行证等，因此，使用RFID技术将有效实现包装与人员管理智能化的有机结合。此外，RFID技术也在食品、生产制造和国防军事等领域发挥着重要作用。

二、传感器

传感器是一种利用识别元件感受检测信号并按照一定规律通过转换元件转换成其他可用信号的装置，由识别元件、转换元件、电子设备组成。传感器通过识别元件（也称受体）与被测分析物之间进行相互作用，使受体性质发生改变而产生信号，再由转换元件将其转换成有用的分析信号，分析信号进入电子设备经信号处理器处理后，由信号显示单元直接显示检测结果。传统的传感器常用于对温度、湿度、压力和pH值等的测定，而近年来不断发展的生物和化学传感器可用于对生物种类、颜色、挥发性化合物等的检测。传感器的类型很多，应用在智能包装中的传感器主要有温度传感器、湿度传感器、光学传感器和重力传感器。

食品智能包装中传感器的应用较多。在目前的智能包装系统中，传感器已经应用和集成在包装材料中，能对食品的品质、微生物污染状况以及外部环境条件进行检测和监控，从而减少食品浪费、提高安全性、方便消费者。但用于食品智能包装中的传感器也有一些缺点，如尺寸较大、生产成本较高、存在迁移导致的安全问题等，且对某些特定物质（如气体分子）的检出限、灵敏度等检测性能和机械性能有一定要求。由于这些限制，目前传感器在食品工业中（特别是果蔬智能包装中）还没有形成广泛的商业化应用。

三、AR、VR、MR

传统包装的展示功能依赖自身的装潢与造型设计，但随着技术的不断发展，包装的信息展示已经能够利用新技术与多种展示形式进行结合，以实现包装信息的非物质化转移，提供多样的感官效果。包装信息的非物质化转移，最主要的途径是将包装信息数字化，使其脱离包装本体的限制。这种方式不仅丰富了包装的展示方式和展示效果，还能减少包装印刷，实现包装的减量化和绿色化。智能包装的数字展示技术多种多样，目前比较成熟的展示技术有AR、VR和MR三种。

1. AR

AR（Augmented Reality），即增强现实技术，作为一种体验交互性较强的技术，它能够为用户提供代入式体验。将增强现实技术运用到包装上，可以为商家及消费者带来多方面的益处。第一，扩展包装的信息维度。以往的营销包装传递信息单一，传递内容有限，多为二维纸质文字说明。AR包装突破平面印刷的框架，可使包装信息多元化、数据实时更新，以及生成生动有趣的海量资讯信息、视频、音频、3D模型或动画等形式。第二，增强用户与包装的交互性，使传统包装印刷品从静态转向动态，从单项阅读走向双向交互，体验虚拟信息的动态传达，更加满足用户的互动娱乐诉求，丰富其购物体验。第三，提高用户对品牌的认知力。在移动网络多媒体渠道和互动空间共同融合趋势的推动下，AR技术能够完成现实事件中的物理对象与网络数字空间的无缝整合。在强化消费者的购物体验中，通过数字信息的多元呈现，提高受众对品牌的感受度和认知力。

例如，2016年里约奥运会期间，可口可乐在天猫超级品牌日推出了一款AR互动小游戏（图4-41）。从天猫“粉丝趴”游戏活动区直接进到游戏界面后，扫描可口可乐经典包装瓶上的商标，就会出现AR动画。按照提示拨弄瓶盖，找寻宝箱，对着弹射，砸中了宝箱就能等待奥运会纪念勋章、个性定制金标可乐等幸运礼物的降临。任意产品的包装上都会有商标LOGO，这是一种普遍到几近令消费者忽视的信息内容，而可口可乐则灵活地使用AR技术给予其更多的含义。发行当天，可口可乐天猫旗舰店的访客量环比增长1500%，基于互动交流过程新奇、有意思，促使转化率环比增强13倍（图4-42、图4-43）。

又如，网易云音乐和农夫山泉达成合作，推出了一款“音乐如饮水，温暖人自知”

图4-41　可口可乐AR包装1/图片来源于百度

图4-42　可口可乐AR包装2/图片来源于百度

图4-43　可口可乐AR包装3/图片来源于百度

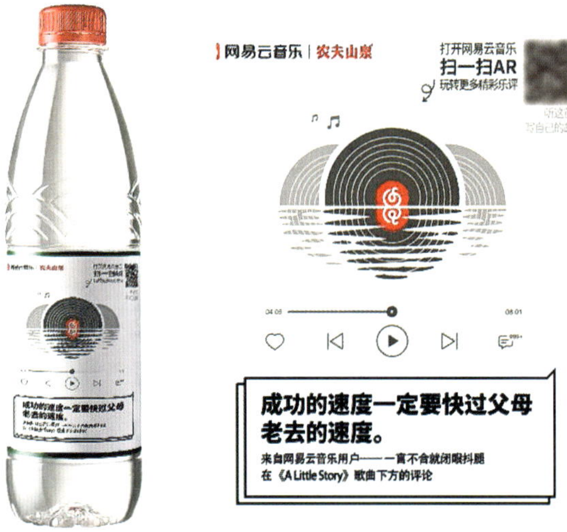

图4-44　农夫山泉网易云联名矿泉水包装1/图片来源于网络

图4-45　农夫山泉网易云联名矿泉水包装2/图片来源于网络

的“乐瓶”（图4-44、图4-45）。该瓶的魅力在于：明明每个人喝到的水都是一样的，但每个人都能从瓶身上体会到不一样的感受，因为设计师精心挑选了30条网易云音乐用户乐评，印制在了农夫山泉矿泉水瓶身上。同时设计里充满了音乐元素：网易云音乐黑胶唱片的图案构成了农夫山泉经典的山水形象；农夫山泉瓶身上的用户乐评，每一字每一句都直指人心。

2. VR

VR（Virtual Reality），即虚拟现实技术，是以计算机技术为核心，结合相关科学技术，生成与一定范围内的真实环境在视觉、听觉、触觉等方面高度近似的数字化环境。用户借助必要的设备与数字化环境中的对象进行相互作用，相互影响，可以产生亲临对应真实环境的感受和体验。VR技术在包装上的应用可以分为两种：第一种是利用VR技术的多感知性、沉浸性、交互性、构想性等特点，提升包装信息的展示维度与效果，提升操作的趣味性，使消费者获得全新的沉浸体验。这种VR技术包装改变了传统包装固有的形式，从而在视觉、听觉、触觉等多个方面增加消费者与产品包装的交互，满足消费者的个性化需求。第二种是面向基于VR技术的虚拟购物平台的包装。这种虚拟购物平台是利用三维建模技术和VR技术等构建出的虚拟购物环境。消费者可以在三维的场景中自由行走，浏览并查看产品及包装的相关信息，并对挑选的产品进行购买。因此，VR技术在包装中的应用带来的不仅是包装形式的改变，还是购物模式和生活方式的变革。

3. MR

MR（Mixed Reality），即混合现实技术，是虚拟现实技术的进一步发展。该技术通过在现实场景呈现虚拟场景信息，在现实世界、虚拟世界和用户之间搭起一个交互反馈的信息回路，以增强用户体验的真实感。混合现实技术结合了虚拟现实技术与增强现实技术的优势，能够更好地将它们的技术优势体现出来。大数据、云计算、人工智能等新兴技术为混合现实技术在包装上的应用提供了软硬件支撑。混合现实技术与包装的结合，所展现出的是包装的一种未来形式。当我们使用混合现实可穿戴设备时，与之配套使用的包装将通过模型、视频、动画等多种方式来展现多维度的商品体系，以此替代传统包装的装潢展示形式。此外，混合现实技术还能通过手势识别、语音识别和眼动跟踪等技术，提升用户与包装的交互体验。这种未来的包装形式对消费者来说，购买体验得到了极大的丰富，不仅方便消费者了解产品使用功能和理解包装信息，也减少了印刷带来的环境污染问题，在满足实体包装减量化的同时，使产品和包装得到趣味性、多元化、多维度的展示。

四、印刷电子

印刷电子是指利用传统印刷技术，通过印刷方法制造电子器件或电路，它具有柔性化、个性化、低成本、绿色环保等优点。结合印刷电子技术的智能包装产品，主要是利用印刷电子技术制作标签、传感器等，然后通过贴片等方式添加到包装材料上，使包装能够记录或反馈物流、位置、防伪等信息，实现与使用者互动，或者增加包装可观赏性、与其他同类产品形成差异化等。目前，印刷电子智能包装正在逐步成为一个新兴领域。

印刷电子技术是集印刷技术和电子技术于一体，采用传统印刷技术来制备电子元器件或电路的技术，是电子制造的一个新兴产业技术领域。印刷电子技术可直接将导电油墨、银浆等功能性材料通过印刷、沉积的方式转移到基材上，形成指定的图案和形式。与传统电子制造技术相比，印刷电子为“增材制造”，只需要在对应地方印刷功能性材料，便可实现电子器件制作，可有效减少三废污染。同时，印刷电子不需要大型的专业电子制造设备，对生产技术、场地面积、专业技术人员等要求较低，还可利用印刷技术实现产品批量化的生产制造，降低生产成本。印刷电子技术的不断发展和进步，也为其在智能包装中的应用提供了有力的技术支撑。目前，印刷电子技术在智能包装中的应用主要有印刷电池、印刷传感器和印刷RFID标签等方面。

1. 印刷电池

印刷电池又叫纸电池，是将具有导电特性的油墨印刷在纸张或柔性材料上，形成可以储备电能的电池或电容器。印刷电池最早是由华人科学家张霞昌提出，它以柔性材料为基底，将正负极、电解质、集电极等封装形成封闭的电化学体系，通过电极与外部连接输送电流。印刷电池的出现，赋予了包装产品新的生命和表现形式，它可作为智能包装中实现智能功能的电源，成为智能包装的源动力，将原来静态的包装产品变成可发光、发声的包装，丰富包装的表现形式，使普通包装变成智能包装。同时，柔性化和微型化的发展，使印刷电池可根据包装类型、结构和产品需求实现定制生产。

2. 印刷传感器

由于印刷电子具备绿色环保、大批量、低成本的特点，其在设备、材料和制备工艺方面的不断进步，为其在传感器制备方面的应用提供了良好基础。采用印刷电子技术制备传感器成为印刷电子的重要部分，由于其制备工艺灵活且不受基底材料限制，因此可赋予电容、电阻、电感等传感器件更多的感知功能。而将传感器与包装进行有效结合后，便赋予了包装丰富的感知功能。

3. 印刷RFID标签

RFID标签是目前应用较为广泛的智能包装技术，但是传统的RFID标签由于存在明显的缺陷，因此难以大面积普及和推广。同时无源RFID标签读取不便、易受干扰，

RFID天线印刷制备工艺复杂、生产过程产生大量废液等，也阻碍了RFID标签在包装中的应用和发展。而印刷电子技术的出现和兴起，为RFID标签提供了很好的解决方案。目前，采用丝网印刷和喷墨打印可直接实现RFID天线的印制，印刷电池的出现则很好地解决了无源RFID标签在读取精度、范围、灵敏度等方面的缺陷。采用印刷电子技术制备RFID标签可实现大规模生产制作，有效降低生产成本，加快其在智能包装行业中的应用。目前，基于RFID技术的智能读写标签已广泛应用在食品、药品、酒类等包装中：在食品、药品包装中，通过将RFID标签、传感器、印刷电池等集成在包装上，可实时采集包装流通过程中的信息，监控产品质量，还可用来防止假冒和伪造产品；酒类包装中，通过RIFD标签的定位功能，可有效防止假冒产品和产品窜货；对于玻璃、纸箱等包装容器，则可利用RIFD标签进行定位和追踪，实现产品回收与循环利用。

课后实践

实践题目：保健品/药品智能包装的设计与制作。

考核要点：1. 视觉设计符合保健品/药品的属性。

2. 包装结构科学合理，设计新颖、便于使用。

3. 合理地使用智能材料/智能技术。

4. 画出平面图、结构示意图，不需要做实物。

第五章

绿色包装设计

课前思考

1. 绿色包装只需要材料可回收利用就可以了吗?
2. 你认为什么样的包装可以定位成绿色包装?
3. 列举身边优秀的绿色包装案例，并说出它们在哪些方面体现了“绿色”。

所谓绿色包装，又可以称为无公害包装和环境之友包装，指对生态环境和人类健康无害，能重复使用和再生，符合可持续发展的包装。其理念包括两个方面的含义：一个是保护环境，另一个就是节约资源。其中保护环境是核心，节约资源可以减少废弃物，其实就是从源头上对环境的保护。例如，斯洛伐克设计师米哈尔·马尔科（Michal Marko）以环保为基点设计了一款环保餐盒。该盒采用可生物降解的材质制成，最大的亮点是标签设计，消费者撕下标签就能看到贴在背面的植物种子，将这些种子放到餐盒里面，加上泥土，不用多久，就能长出一片郁郁葱葱的绿色，还可以随心放到任何地方（图5-1）。

从技术角度讲，绿色包装是指以天然材料和矿物

图5-1 环保餐盒包装/设计：米哈尔·马尔科

质为原料，研制成对生态环境和人类健康无害、有利于回收利用、易于降解、可持续发展的一种环保型包装。也就是说，其包装产品从原料选择、产品制造到使用和废弃的整个生命周期均符合生态环境保护的要求，并从绿色包装材料、包装设计和大力发展绿色包装产业三方面入手，实现绿色包装。例如，巴西设计师艾伦·戈麦斯（Allan Gomes）将牙膏的包装作为研究对象，另辟蹊径地去掉包装纸盒，将牙膏悬挂陈列，并采用可回收、降解的植物纤维材料，避免了使用结束后可能造成的污染，从设计创意到设计实施都践行了绿色包装理念。（图5-2）

图5-2　Coolpaste牙膏包装/设计：艾伦·戈麦斯

第一节　绿色包装概述

一、绿色设计理念

绿色设计是20世纪80年代末出现的一股国际设计潮流。绿色设计反映了人们对现代科技文化所引起的环境及生态问题的反思，同时也体现了设计师道德和社会责任心的回归。绿色设计由美国设计理论家维克多·帕帕奈克（Victor Papanek）于20世纪60年代末在其所著《为真实的世界设计》一书中提出。该书一经问世就引起了行业内不同观点的强烈碰撞，他在书中提出设计不仅是为身体健康的人服务，更应该考虑为老弱病残等各种人群服务；设计也不仅只是为贵族和多金的人群服务，更要为不同阶层的穷苦人们服务；设计师应以更多的职业道德和社会责任感来思考如何设计，这需要设计师转换视角，从不同方面和深度来思考分析，对需要帮助的社会和人群投入更多的关注；对地球有限资源充分利用，节约资源，从而保护全球环境也是设计应该做到的。帕帕奈克所提出的观念体现了现代设计的根本意义和实质特征，对全球的设计产生了不可估计的影响。

绿色设计是在传统设计的基础上发展演变而来的，是对传统设计的继承和反思，所以没有传统设计也就没有绿色设计。传统设计满足了人们对于物质产品的功能需求、质量需求以及经济需求等基本需求，但只考虑了用户和生产商的需求，很少或没有考虑到环境的需求，产品的生命周期也相对较短。绿色设计相较于传统设计则更多地考虑到了环境需求，考虑到了人与环境的关系，人与环境的和谐共处，以及设计活动给自然环境带来的负担。尤其在整个设计流程中考虑到了产品的生命周期对于环境的影响及危害，从最开始就考虑如何节约自然资源，防止环境污染，并在产品的材料、结构、回收等方面有严格的规定和限制，要求设计出的产品具有一定的环保效能。由此可见，绿色设计强调了自身在设计变革中的作用与社会责任。目前来看，传统设计带动了经济的发展，使生产商能获得可观的收益，但从长远发展角度来看，这给自然环境造成了严重的危害，同时也影响和限制了人类的自身发展。例如，图5-3左边是网络在销的一款基于木材材质的传统型儿童座椅，优点是易于生产，经济效益好；而右边是比利时设计师在法国巴黎家居装饰博览会上推出的全新品牌Ecobirdy的产品，全部采用100%回收的废旧塑料制作而成，制作流程包括对旧玩具或没用过的废弃玩具进行收集、分类清洗与研磨，此后将研磨出的碎末按颜色分类，并转化成外观带有斑点的独立产品，不仅触感舒适，还易干、易清洁、质量轻、稳定，可以保证儿童的使用安全。当然，绿色设计是随着社会发展而变化的，人们需要用发展的眼光看待设计，设计要具有一定的前瞻性，绿色设计也不例外。

图5-3　传统儿童座椅设计（左）与绿色儿童座椅设计（右）/图片来源于网络

二、绿色包装与循环经济

“绿色包装”是包装领域对绿色设计的响应，可以说是20世纪最大的包装工业革命，涉及各种各样的名词，如环境友好型包装、生态包装、生态友好型包装、可持续包装等。这些名词背后的包装变革运动均是秉持不断降低包装对地球环境的损害的理念。这一理念贯穿于包装产业的整个过程：原材料选择、设计、制造、运输、使用、回收、废弃，从环境保护、生态平衡的原则出发，不断改进与完善每个环节。

随着1987年世界环境与发展委员会发表《我们共同的未来》，提出了深刻的环境问题，各国均出台了自己的法律法规、国家标准、行业标准，努力推行“绿色包装”理念的具体实践措施。简略来看，我国在1989年颁布了《中华人民共和国环境保护法》，随后在1997年，原国家环保局颁布了“可降解塑料包装制品”环境标志及产品技术要求。在2002年颁布的《中华人民共和国清洁生产促进法》，以及2004年重新修订的《中华人民共和国固体废弃物污染环境防治法》中均对“绿色包装”有着较为明确的要求。2005年，中国包装联合会根据国家发展和改革委员会、财政部的“适应循环经济需要，大力发展绿色包装产业”任务开展了课题调研，厘清我国包装产业现状，对未来的绿色发展提出建议。2007年12月发布的《国务院办公厅关于限制生产销售使用塑料购物袋的通知》，被称作“限塑令”，要求所有超市、商场、集贸市场等商品零售场所实行购物塑料袋有偿使用制度，一律不得免费提供塑料购物袋，一定程度上减少了塑料袋的消耗。随着网络购物的普及，在2018年2月，国家质检总局、国家标准委发布了新修订的《快递封装用品》等291项国家标准，定于同年9月1日起实施。标准属于非强制性，强调了减量化要求，明确提出“快递包装袋宜采用生物降解塑料”，以一系列具体的数据规定推动塑料减量化和包装循环利用。

20世纪60年代出现在美国的“循环经济”（Cyclic Economy）是可持续发展理念的具体体现。而《中华人民共和国循环经济促进法（2018年修正）》所称循环经济，是指在生产、流通和消费等过程中进行的减量化、再利用、资源化活动的总称。以“减量化、再利用、资源化”为原则，以低消耗、低排放、高效率为基本特征，符合可持续发展理念的经济增长模式，是对“大量生产、大量消费、大量废弃”的传统增长模式的根本变革。在国际共识中，循环经济遵循生态学规律和经济学规律，在经济流程中尽力减少资源投入，避免和减少废弃物，将经济发展纳入到自然生态系统的物质循环过程之中，遵循3R原则，即减量（Reduce）、再利用（Reuse）、再循环（Recycle）。例如，图5-4是一款鸡蛋的绿色包装设计，设计师希望能借此创造出不需要回收就能直接循环的新款包装材料，鸡蛋盒是由干净的纸浆、面粉、淀粉和豆类蔬菜的种子所制成。根据设计师的研究，豆类蔬菜在生长时，能透过它们的根瘤菌固定大气中的游离氮气，进而增加土壤的肥沃度。消费者将鸡蛋吃完后，包装盒可用来种植，盒子中的豆类种子只需要大约30天就会发芽。由此可见，包装界秉承3R原则可以改善和促进环保产业，包装亦可以成为循环经济的重要一环。

三、绿色包装的分级

绿色包装是一种理想包装，完全达到它的要求需要一个过程。为了既有追求的方向，又有可供分阶段操作达到的目标，业界普遍将绿色包装的分级标准制定为A级绿色包装和AA级绿色包装。

A级绿色包装是指废弃物能够循环复用、再生利用或降解腐化，含有毒物质在规定限量范围内的适度包装。

图5-4　绿色鸡蛋包装/图片来源于网络

AA级绿色包装是指废弃物能够循环复用、再生利用或降解腐化，且在产品整个生命周期中对人体及环境不造成公害，含有毒物质在规定限量范围内的适度包装。

上述分级首先考虑的是要解决包装使用后的废弃物问题，这是当前世界各国保护环境关注的热点，也是提出发展绿色包装的主要内容，在此基础上才能解决包装生产过程中的污染，这是一个已经提出多年，现在仍需继续解决的问题。生命周期分析法固然是全面评价包装环境性能的方法，也是比较包装材料环境性能优劣的方法，但在解决问题时，应有轻重先后之分，采用两级分级目标，可使我们在发展绿色包装中，突出解决问题的重点，重视发展包装的后期产业，而不是全部责备，搅乱发展思路。

四、绿色包装设计的特点

传统的包装设计理论和方法是以人为中心，以保护商品为目的，以满足人的需求和解决包装问题为出发点，而无视后期包装产品生产和使用中的资源和能源消耗以及对环境的影响，特别是忽略包装废弃物对环境的影响。而绿色包装设计就是针对传统设计理论中的不足而提出了一种全新的设计理念，它将保护资源和环境的战略集成到生态学和经济学都能承受的新产品设计中，因此受到普遍的认可，也符合ISO14000环境管理体系。绿色包装设计在产品包装的生命周期内，着重考虑产品的环境属性（可回收、可自然降解性、可重复利用性等），并将其作为设计目标。在满足环境目标要求的同时，保证包装的应用功能、包装质量、成本保质期等。绿色包装设计包含了生态设计、环境设计等新的现代设计理念，继而面向商品的整个生命周期，是从设计到产品的使用以及包装材料的废弃回收的全过程，从根本上防止环境污染，节约资源和能源，保护环境和人类的健康，实现可持续发展。绿色设计源于传统设计方法又高于传统设计方法，强调在包装设计的开发阶段，按照全生命周期的观点，对包装材料、包装方法及技术、包装工艺及生产过程、产品储存、产品运输及使用，特别是对使用后的包装废弃物进行系统的分析与评价，消除潜在的对环境的负面影响。

绿色包装设计与传统包装设计相比有如下特点。

第一，拓展了包装设计的生命周期。传统包装产品的生命周期是从“产品制造”到“产品使用”的过程，而绿色包装设计是将包装产品的生命周期延伸到了产品使用后的回收及使用。拓展生命周期，便于我们在设计过程中从全局的角度分析、理解、解决与包装产品有关的环境问题，材料可降解性和再生利用问题，以及废弃物的管理问题等，便于包装设计过程的整体优化。例如，Eminente Reserva朗姆酒包装的瓶子在墨西哥生产，墨西哥是距离古巴最近的玻璃生产国，因此减少了运输造成的环境负担；标签是以棉花为原材料制成，在古巴手工粘贴；雕刻精美的瓶塞由来自FSC森林认证的可持续软木和木材制成。啜饮朗姆酒后，玻璃瓶可以被消费者重新利用，将其转变为美丽的装饰物：烛台、花瓶或一壶水，或是消费者能想到的其他用处（图5-5）。

第二，绿色包装设计是并行闭环设计。与传统包装设计的串行开环过程不同，绿色包装设计要求产品生命周期的各个阶段必须被并行考虑，并建立有效反馈机制及实现各个阶段的闭环循环（图5-6）。

第三，绿色包装设计有利于保护资源、保护环境、维护生态平衡，实现可持续发展。

第四，绿色包装设计可以从源头上减少包装废弃物的产生，特别是不可降解的包装材料，消灭白色污染，有利于实现包装废弃物的回收和综合利用。

第五，绿色包装设计可以在包装艺术设计与包装产品设计、环境保护技术与包装产品设计、价值设计与包装产品设计等不同的层次上进行动态设计，确保包装设计的真正绿色化。

五、生命周期评价

包装行业已经开始采用各种方式来评估其活动对环境产生的影响。生命周期评价（Life-Cycle Assessment，简称LCA）是一种用于衡量一个产品及其加工工序或活动给环境带来多少负担的客观评估程序。在LCA程序研究的整个体系中，通过对比能源和材料的用量（输入），以及释放在环境中的废物量（输出）这两项，进而做出评估，并提出

图5-5　Eminente Reserva朗姆酒包装/设计：酩悦轩尼诗

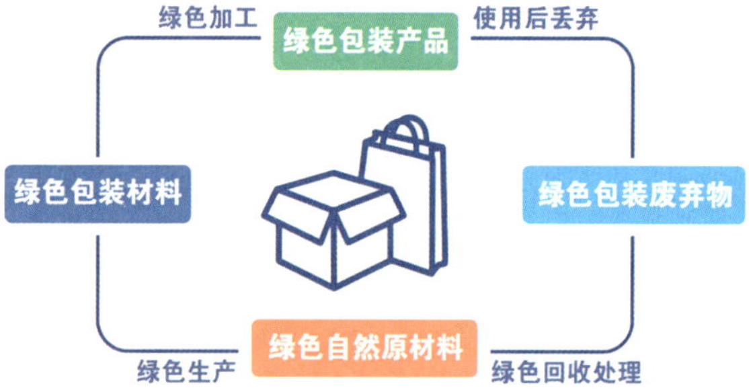

图5-6　生态循环圈

有利于活动过程可持续的改善策略，有利于对输入量和输出量的权衡，有助于优化总体的设计策略。LCA程序通过帮助决策者在考虑成本和性能数据的同时，选择生成最少“碳足迹”的活动生产，从而使决策者受益。LCA程序也有助于避免环境问题从一个区域转移到另一个区域（图5-7）。

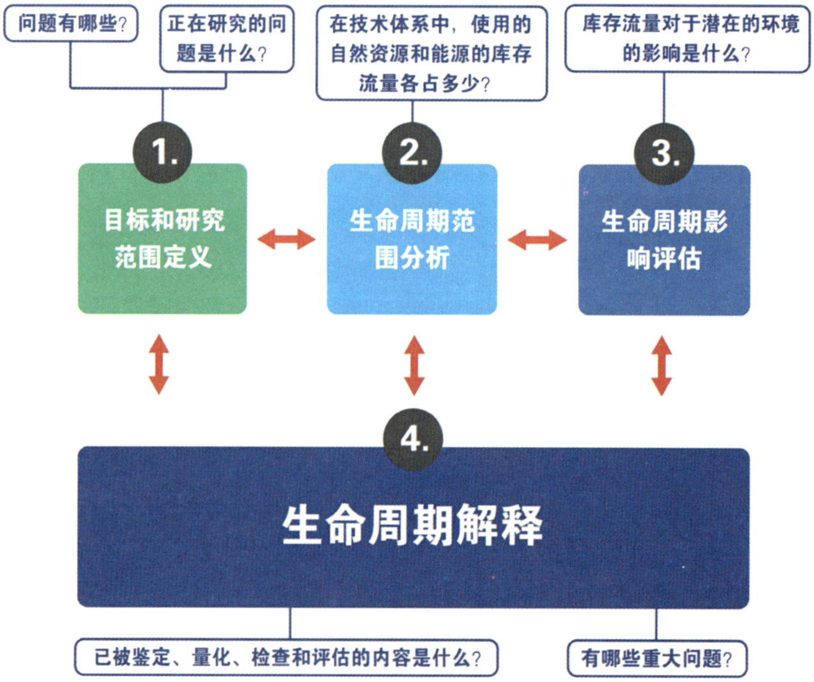

图5-7　生命周期评价示意图

第二节　绿色包装设计的原则

一、绿色设计的基本原则

1. 资源利用最大化原则

资源利用最大化原则是指以可持续的科学发展观对生产材料进行选择，资源应被合理使用，发挥其最大的效能，生产过程对材料进行充分的开发利用，合理分配，这样便能使材料物尽其用，对资源起到保护作用。

2. 低耗能原则

低耗能原则是指在选择能源时要充分考虑能源的性能是否会对环境造成污染，是可再生能源还是不可再生能源，以防止过度使用能源而造成能源危机。在进行生产活动时要求尽量使用可再生能源，如风能、太阳能等清洁能源，在使用过程中也要注意适度使用，以免造成多余的浪费。

3. 消除污染原则

绿色设计的初衷就是保护环境，使人与自然和谐发展，所以在设计之初就要考虑设计对环境的影响，理想状态是实现设计过程零污染。

4. 安全原则

在进行设计时要考虑整个设计流程是否安全，包括从生产到最后的消费者使用，生产过程中确保每一个步骤都符合安全标准，消除安全隐患，生产出的产品要易于使用，不给消费者使用带来困难，包装产品在使用过程中安全可靠。

5. 技术领跑原则

确保绿色设计得以实现离不开先进的科学技术，生产时要有效抑制污染、降低能耗，充分考虑对自然环境的影响，为达到绿色生产这样的标准，整个生产流程就要有严格的要求，这种要求的实现需要相应科学技术的支撑。

6. 效益最大化原则

设计的目的是生产商根据市场需求设计出相应的产品，进而为生产商带来经济效益，但在进行绿色设计时，不仅要考虑产品带来的经济效益，还要考虑环境效益，使经济效益和环境效益达到最大化，同时把损失降到最小。

例如，日本UNIFRUTTI公司要给一款名为“Shiawase”的香蕉做包装，设计师认为奢华包装对于它的高品质而言显得画蛇添足，而且会掩盖它的环保特质，所以决定避开盒子和常规包装材料，转而采用仿真贴纸贴在香蕉皮的表面上。贴纸是双层的，最表面的一层复制了香蕉皮的质地和颜色，包括逼真的疤痕和变色；撕开一层贴纸后，展现出香蕉果肉以及关于香蕉的各种信息，用简约的设计来避免不必要的箱盒和包装材料；除了标签贴纸，设计师还设计了一个纸质的手提袋，让购买者可以很方便地提回家。纸袋被设计成取下提绳后还可以很容易地展开及取出里面的香蕉，消费者如果摊开纸袋还会发现这是一个有趣的“蕉叶”形状，其反面印有香蕉的详细说明和保质期等信息（图5-8、图5-9）。

图5-8　Shiawase香蕉包装1/设计：内德诺（NEDNO）

图5-9　Shiawase香蕉包装2/设计：内德诺（NEDNO）

二、绿色包装设计的4R1D原则

目前绿色包装种类繁多，包装方式不尽相同，其设计原则可以大致归纳为4R1D，这也是当今社会相对认可的设计原则，具体为：

1. Reduce（**减少包装材料**）

在保证包装功能的前提下对包装进行减量化设计，降低资源的浪费，设计出适度的包装，这样在设计之初就实现了节约资源的目的，在未来的时间里减少了废弃物的产生。

2. Reuse（**可重复使用**）

包装可以进行重复使用，防止在使用一次之后对其废弃，多次使用可以有效地缓解环境压力，节约生产成本，比如现在中国政府就倡导民众在进行购物时可以自行携带可反复使用的购物袋，从生活中的细节做起。

3. Recycle（**可再生利用**）

包装废弃物经过回收处理再利用，可以有效做到生产资料的循环使用，比如再生纸、再生塑料等都是经过处理后变成可再使用材料，进而加工生产成新的包装，这样便节约了相当大的资源。

4. Recover（**获得新价值**）

废弃的包装经过处理获得能源和燃料，也包括将产品包装用作他用，增加其使用价值。

5. Degradable（**可自行降解腐化**）

产品包装能在自然环境下通过阳光和微生物的作用自行分解，最后以无毒的形式回归自然。

例如，与传统大米的包装不同，三生稻大米的包装设计中，设计师把大米自然脱壳的物料回收加工后做成外盒包装，以达到自然降解的目的。外盒包装采用压膜成型而凸起的“大米”搭配简约的插画图形，具有肌理质感的外观更突显产品品质；内包装袋采用白色的帆布材质，上面印着产品信息，整个包装在视觉上干净、大气，大米食用完之后，包装盒还可以当纸巾盒重复使用（图5-10、图5-11）。该包装设计将绿色设计原则体现得淋漓尽致。

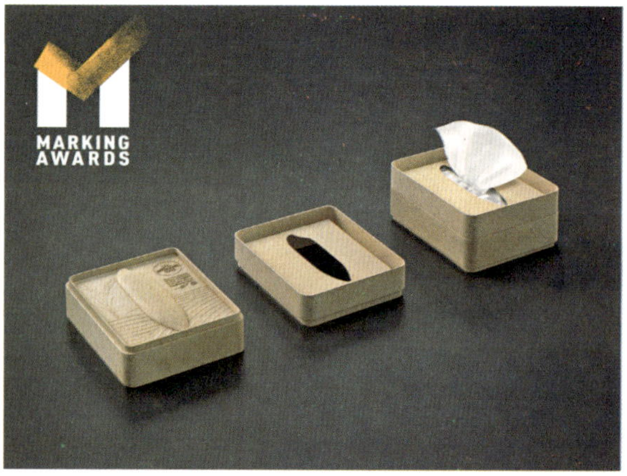

图5-10 三生稻大米包装1/设计：Prompt Design（泰国设计公司）

图5-11 三生稻大米包装2/设计：Prompt Design（泰国设计公司）

第三节　绿色包装设计与生产

一、材料

材料是包装的物质载体，材料的选择在很大程度上决定了包装设计的环境友好程度。包装中常用的材料也就是基本材料，即组成结构的纸板、塑料、玻璃、金属等，以及辅助材料如印刷剂、黏合剂等。除了在材料使用上贯彻“减量化”原则以外，非一次性的包装材料如玻璃、陶瓷的应用，则更适用于贯彻“再利用”原则。如果更进一步的话，包装不仅应该能够多次使用，还应该能够一物多用，通过设计手段使消费者不会随意废弃包装。

在绿色包装设计中，可降解材料的使用非常重要。可降解材料指废弃后能够自行分解为水和二氧化碳等常见化合物，不对环境产生污染的材料。在人们的常识中，自然材料对环境的影响总是小于合成材料，这种说法并不全面。来自自然的材料在分解过程中确实对环境的影响较小，但考虑到自然材料有其生长周期，收获材料的时间成本较高，以及一些自然材料在加工和制造的过程中需要大量消耗资源，排放出有毒的物质。整体衡量的话，如果为了制造自然纸质包装而采伐了更多森林，污染了更多环境，反而得不偿失。这并非否定自然材料的优势，而是认为应当寻找更多天然的替代材料如粽叶、荷叶、玉米叶、竹纤维等，充分利用本地工业中的木屑、织物，农业中的秸秆，水体附近的芦苇等产量高、易再生材料来开发新型包装材料。

1. 纸和纸板

纸和纸板是最广泛使用的包装材料，尽管它们的厚度、结构和应用各不相同。纸和纸板在包装中最常见的应用是作为二次包装。纸类包装材料按定量和厚度可分为纸和纸板两类。一般的划分是将定量在225g/m^2以下或厚度小于0.1mm的纸类包装材料称为纸。定量在225g/m^2以上或厚度大于0.1mm的纸类包装材料称为纸板。这一划分标准不是很严格，如有些纸板、瓦楞原纸的定量虽小于225g/m^2，通常也称为纸板，有一些定量大于225g/m^2的纸，如白卡纸、绘图纸等通常也称为纸。常用的纸板类型有以下几种。

漂白硫酸盐浆板（SBS）：由高百分比含量的纯木浆经硫酸盐法分离，并漂白制成的顶级白卡纸。它通常覆有涂布，从而具有高品质的白色印刷表面，主要用于食品、乳制品、化妆品和医药产品的包装（图5-12）。

未漂白硫酸盐浆板（SUS）：未经漂白，由高百分比含量的纯木浆精硫酸盐法分离制成（牛皮纸板）。这天然的牛皮纸板（牛皮纸是通过化学手段打浆制成的高强度纸质）有涂布和非涂布两种。这种纸板的强度高，常用于饮料、五金类产品和办公用品的包装（图5-13）。

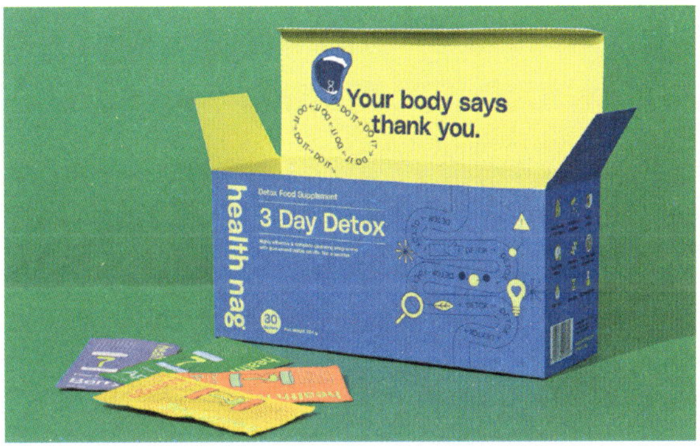

图5-12　白卡纸包装/图片来源于网络

图5-13　牛皮纸板包装/图片来源于网络

再生纸板：取材于消费前后的无用纸张和纸板，是一种以废纸为原料，由不同比例的回收纸制成的多重纸板。消费前的纸源来自工厂生成的浪费或者没有进入市场的纸张，消费后的纸源则来自被使用和丢弃的纸质产品。再生纸板有涂布和非涂布两种。再生纸板的制造技术使得再生纸张的表面成为印刷的绝佳载体。非涂布再生纸板广泛应用于制作组合纸罐、螺旋式圆筒和纤维纸筒等；涂布再生纸板则通常用于干性食品，包括曲奇、糕饼类的包装，以及其他家用产品，如洗衣粉包装（图5-14）。

粗纸板（也称为硬板纸）：通常由废纸料制成，呈灰色或米色，可用于制作固定纸盒（起到固定结构的作用，纸板外侧裱糊装饰纸或其他装饰材料，常用于香水、玻璃器皿的礼品包装）。这种材料主要用于低端包装以及不会在货架上显露出来的内部包装结构，还可被用于制作折叠纸箱、泡罩式包装的底板。通常情况下，此类纸张不适于直接印刷（图5-15）。

瓦楞纸板（也被称为箱纸板）：由纸板和薄型纸芯胶合而成。单边瓦楞纸也被称为单面瓦楞纸，双边或双面瓦楞纸的中心一层为波形纸，因此也被称为“单壁”瓦楞纸。未挂面的瓦楞纸即只有波形纸芯的瓦楞纸，通常用作易碎产品或物件的包装材料，并作为内部包装结构中支撑产品的部件。单壁、双壁和三壁瓦楞纸常用于制作外部包装，如运输纸箱和其他容器。纸芯波形较小的单面瓦楞纸可将纸芯朝外，用于高档包装，以获得独特的质地效果，经印刷处理的纸板可与瓦楞纸板胶合为一体，以此作为较重产品的基础包装，如各种烹饪用具，其他家庭用具（如熨斗、烤面包机、碗碟、玻璃器皿等）和电子产品（电脑、相机等）（图5-16）。

除了上述成型的纸产品外，在现代的包装中还有不少利用纸浆设计的包装，较为常见的是超市中散装鸡蛋的运输包装，纸浆被做成了蛋托的形状以保护鸡蛋在运输过程中的安全。例如，“纸面”是一款由澳大利亚学生埃米莉·恩里卡创建的100%的纸条包装设计。该包装材料是100%可生物降解的纸浆，可回收，符合微波炉和FDA测试的食品安全标准。盒子的设计符合人体工程学，即使里面的东西很热，也能很舒服地拿着，盒子的腹带也是用去骨的纸浆做的，甚至连勺子都是用纸浆做的，进一步减少了浪费（图5-17、图5-18）。

2. 塑料

塑料的种类繁多，属性各异，可满足各种包装设计的需要。塑料有硬有软，可以塑造成各种形状和尺寸；它的颜色可以是白色的或有色的、透明的或不透明的。热成型塑料可在加热后软化，通过模塑、挤塑或压延工艺处理后成型。因为塑料具有很

图5-14　再生纸板包装/图片来源于网络

图5-15　粗纸板包装/图片来源于网络

图5-16　瓦楞纸板包装/图片来源于网络

好的柔韧性，设计师们可以据此创造出各种新颖的包装形式。瓶状以及其他形状的塑料包装结构都可进行模内贴标，且有多种颜色选择（还有特制的金属色），甚至能应用压印或进行其他装饰工艺的处理——丝网印刷和热烫箔处理等。用于包装的常见塑料类型如下。

聚对苯二甲酸乙二酯（PET），质地像玻璃一样通透，可用于制成盛放水和碳酸饮料的包装瓶，存放芥末、花生酱、食用油和糖浆等食物的包装罐、泡罩式包装、蛤壳式包装以及电子产品、食品、医疗产品的托盘。图5-19所示的这款透明水包装瓶采用低污染的PET环保材质，可循环使用，以减少塑料垃圾的产生。

可回收的聚对苯二甲酸乙二醇酯（RPET），消费后的回收材料主要来自用于饮料和其他消费品的瓶子。

高密度聚乙烯（HDPE），硬质的不透明材料，主要用于制成盛放牛奶、水果汁、化妆品、洗发水、洗碗和洗衣的洗涤剂以及家用清洁剂的包装瓶（图5-20）。

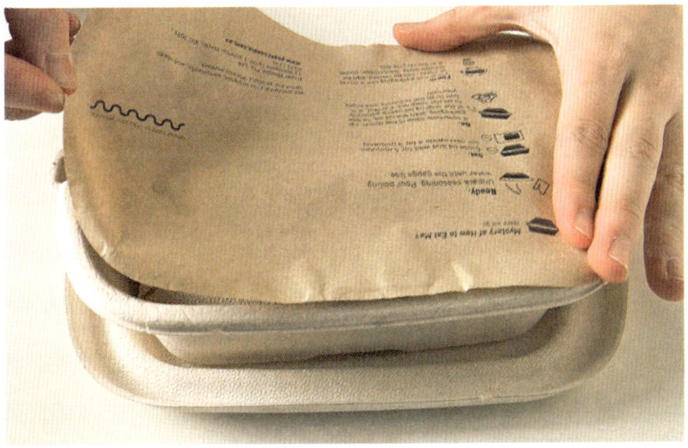

图5-17 “纸面”包装1/图片来源于微博

图5-18 “纸面”包装2/图片来源于微博

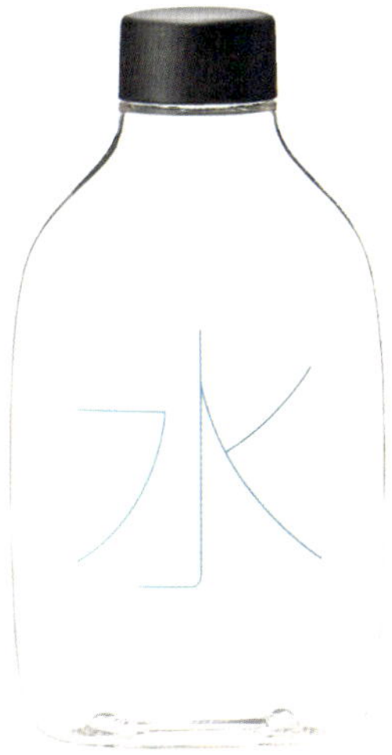

图5-19 透明水包装/设计：无印良品（日本）

图5-20 牛奶包装/设计：伊利亚·沃尔金（Elijah Walkin）

低密度聚乙烯（LDPE），可用于制成盛放干洗物、面包、冷冻食品、新鲜农产品和生活垃圾的袋子，收缩包装袋与拉伸薄膜，牛奶纸盒和冷热饮料杯的涂层容器盖、可挤压瓶（例如蜂蜜和芥末）。

聚氯乙烯（PVC），硬质的PVC材料，主要用于泡罩式包装、蛤壳式包装，软质的PVC材料则多用于床上用品袋、医用袋、收缩式包装袋和熟食产品外包装。

聚丙烯（PP），可用于制成瓶子、瓶盖、防水包装以及盛放酸奶、人造黄油、外卖餐和熟食产品的容器。

聚苯乙烯（PS），以不同的形式生产，聚苯乙烯结晶用于制作CD和药丸瓶，高密度聚苯乙烯用于制造硫乳制品的热成型容器，泡沫聚苯乙烯用于制成杯子、盛放食品（汉堡）的蛤壳式包装、装配肉的托盘和鸡蛋盒等（图5-21）。

图5-21　药丸瓶包装/图片来源于网络

其他类塑料：用于制成三至五加仑可重复使用的水瓶、番茄酱瓶、烤箱烘烤袋、阻隔层和定制包装等。

生物塑料：由于塑料的自然降解性差，业界和材料专家们也在不断研发降解性能高的塑料。国外有研究可以吃的塑料袋，它是由马铃薯、木薯、玉米、植物油等12种原料做成，这些原料全是可食用原料，是100%有机食品，就连印刷图案用的油墨也是无任何有毒物质，完全无害的，而且降解能力非常强大，比如在野外，它仅需180天就可降解，放在水里1天可降解。生物塑料是由可再生原料，如淀粉（玉米、马铃薯、木薯粉）、纤维粉、大豆蛋白、微生物和农业副产品等制成的，不含石油；有些生物塑料可以降解或制成堆肥，淀粉基生物塑料由于具备吸收能力而被广泛应用。从甘蔗或葡萄糖中提取的聚乳酸（PLA）是最早用于包装的生物塑料之一，生物塑料的透明度与PET以及其他塑料制品的透明度不相上下。生物塑料重量轻、耐用，外观与其他塑料相似，并具有类似的防潮和防气性能，它们通常被制成水饮料和奶制品的瓶子、食品包装（外卖容器或托盘）、购物袋等。在生物塑料的使用中，最大的障碍是还没有完备的可供回收利用的基础设施来将其与其他生物基塑料分离，因为后者对回收系统会造成很大污染。

例如，国际盛事奥林匹克运动会已经几次成为实验新型包装材料的场所，早在1988年的汉城奥运会就以玉米为原材料生产可自动降解的一次性水杯。1994年在挪威利勒哈默尔举办的冬奥会使用了生物降解塑料托盘。还有自申办之日起就提出“绿色奥运”理念的2008北京奥运会，方方面面注重绿色原则，塑料袋是澳大利亚生物塑料生产商比澳格（Biograde）提供的、在玉米淀粉的基础上开发出的7种不同规格的生物降解树脂袋。2009年，可口可乐公司首次推出了“植物环保瓶”，30%的瓶身材质使用植物成分。又如，2015年米兰世界博览会的食品技术会议上，可口可乐再次展示了从甘蔗中提炼原料的产品包装瓶。考虑到可口可乐品牌的市场占有量，若使用新材料的包装瓶得以推广，能够带来极大的环保效应。

3. 玻璃

玻璃最大的优点是无污染，耐高温，可回收再利用，而且成本较低。玻璃容器的形态大小和颜色各异，是适用于大多数产品门类的最常见包装材料。玻璃可被塑造成各种独特的形状，可以设计成各种大小的开口，运用各种压印图案，还可以通过其他修饰方法提升包装设计的整体效果，配合采用各种标贴工艺和印刷工艺进行创新，从而使包装设计极具个性。玻璃化学性能稳定，耐腐蚀性好，抗酸，无毒无味，这使它易于成为食品、药品的包装材料，并成为其他易产生不稳定反应的包装材料（如塑料）的替代品。

玻璃通常较重且易碎，这会影响加工成本和运输成本。但另一方面，由于其独特的视觉效果和质感，玻璃又令人感觉它是一种可靠而独特的高品质材料。因此，它经常成为香水、化妆品、医药品、一些饮料以及其他美食产品和奢侈品的首选包装材料，而且，人们往往觉得存放在玻璃包装中的产品在外观、气味和口味上要更好一些，因此许多酒类和非碳酸类饮料，如能量型和运动型饮料、茶饮、果汁，甚至瓶装水也都采用了玻璃材料。中国的白酒包装材料中，玻璃就占了半壁江山（图5-22）。

图5-22　国窖1573酒包装/设计：许燎源

4. 金属

金属包装的主要原料有锡、铝、铜、铁等。由于铸造原料容易取得，故金属结构的包装能以低成本量产。金属包装的形式主要有金属罐和金属软管。金属罐装在各种饮料、啤酒包装中是比较常见的（图5-23）。

图5-23　Special One饮料包装/设计：戈沙·丘布金（Gosha Chubukin）

金属罐在19世纪就存在了。早期的马口铁罐和镀锌罐子的使用就是为了给英国军队供应食物，后来才被引进到美国，成为镀锡罐或铁罐。现在的金属罐除了重量轻之外，也在金属表层镀上防止食物腐坏的物质。一般的金属罐生产分为两片罐和三片罐。两片罐是指有底部的圆柱壁与另外组装的易开片，这些金属罐都没有侧缝，因此印刷可以完全包围桶状的表面，碳酸饮料罐就是两片罐的最佳范例。三片罐是一个圆筒结构与另外两块分开组合的铁片。一般三片罐都有展示品牌识别与产品信息的纸标签，就像罐头制的蔬菜与汤。三片罐都是经过密封处理，因此保存食物的期限比较长。它们拥有与玻璃材质一样的惰性性质，因此可为食物提供良好的保护。金属罐包装具有结实、节省空间和可回收的特性。

金属管一般是由铝制成的，通常用于药用及健康与美妆产品，如乳霜、凝露、软膏，或是其他半固态产品，如黏着剂、密封胶、填缝剂，以及涂料等都是常见的管状包装。为了防止产品腐化，一般会将金属管做特殊压层处理，不但使其轻盈，而且给予产品有效的保护。

二、工艺

在包装生产过程中，减量化原则首先体现在通过工艺设计使生产所需能耗降低上。另外，在制造过程中不产生再次污染的清洁生产也非常重要。与包装相关的产业当中，无论是造纸、印刷、塑料，还是金属冶炼，目前的工艺技术都在生产过程中产生大量的废水、废气和废渣。减量生产，优化生产工艺，降低有毒物质和有害微生物的排放，是减少包装工业对环境影响的重要一环。以印刷工艺为例，生产过程中产生的主要污染来源首先是油墨，传统的溶剂型油墨通过一系列有机溶剂共同作用，这些溶剂大部分具有毒性，易挥发，从而造成空气污染。此外，在胶印制版中使用银盐感光材料，废弃的定影液中大量银离子若直接排放，也会造成重金属污染，等等。开发对环境友好的印刷材料和工艺，一直是迫在眉睫的环保问题。其中，无毒、无污染的水性油墨印刷工艺，不仅能减少对环境的伤害，也使接触到印刷食品、药物包装的消费者更加

图5-24　普洱茶包装1/设计：西安高鹏设计

图5-25　普洱茶包装2/设计：西安高鹏设计

图5-26　伊莱克斯真空吸尘器包装/设计：Pernilla Johansson

安全。当前市场上的儿童读物基本全面使用水性的大豆油墨代替石油溶剂进行印刷，大幅减少了危害。图5-24、图5-25展示的普洱茶包装设计打破了传统油墨印刷方式，采用了碳化雕刻工艺（体现炭火烘焙特征），包装材料选择了有利于普洱茶发酵的天然笋壳，凸显产品优势和特点。

从易于回收的角度考虑，包装设计应尽可能使用更少种类和数量的材料，单个包装上所含的材料种类越少，回收越容易。结合减量化原则，包装设计若只采用一种材料进行生产，是最利于回收的做法。例如，获得2017年Pentawards包装设计奖的伊莱克斯真空吸尘器包装的材料由88%可回收利用的纸板制成，包装上仅使用了两种颜色，水彩墨水代替了四色油墨印刷，降低了12%的碳排放量（图5-26）。

目前市场上常见的利乐无菌包装牛奶纸盒，包括6层不同种类的材料，如纸板、铝塑膜、塑料等，回收起来就非常困难。由于铝塑膜的存在，包装无法进入普通纸回收设备，也无法在自然中降解。要分离纸浆、铝箔和塑料颗粒，则需要单独的回收设备，成本较高。考虑到我国极大的纸盒牛奶消耗量，废弃包装的回收问题十分紧迫，包装设计师们要勇敢地承担社会责任，对包装材料的认知和使用一定要清晰、明确。

三、结构

合理的结构设计是避免过度包装的主要手段之一。在保证包装容积和强度的前提下减少不必要的结构，并尽可能减少废料，贯彻减量化原则（图5-27）。正如本身也是玩具的儿童玩具包装盒，在运输过程中起到保护作用，到达消费者手中后则变为产品的一部分；另外，市场上大部分隐形眼镜的护理液以及一些药品，均将产品说明书印刷在纸盒包装的内表面上，节省了单独印刷说明书所用的纸张。

佐藤大为日本包材公司三菱设计的一款全新洗浴用品包装，运用简单的逻辑解决了许多人的日常小困扰，让常见的牛奶纸盒变身补充包，将容器拆分成压嘴座、底座，中间则是像牛奶盒般的纸材；使用时，可直接更换纸盒，用完后也可直接回收，相较之下更为环保。巧妙的设计大大解决了沐浴露、洗手液总是残留瓶底而用不完的恼人困境（图5-28）。此外，用户选购商品后还可以自行选择环保的“简易包装”或是用作礼物的“彩盒包装”。

2017年10月，苹果公司发布白皮书，介绍企业的“纸和环保包装策略”。其中包括：尽量使用可

图5-27　运动鞋包装/设计：深圳旺盈彩盒纸品有限公司

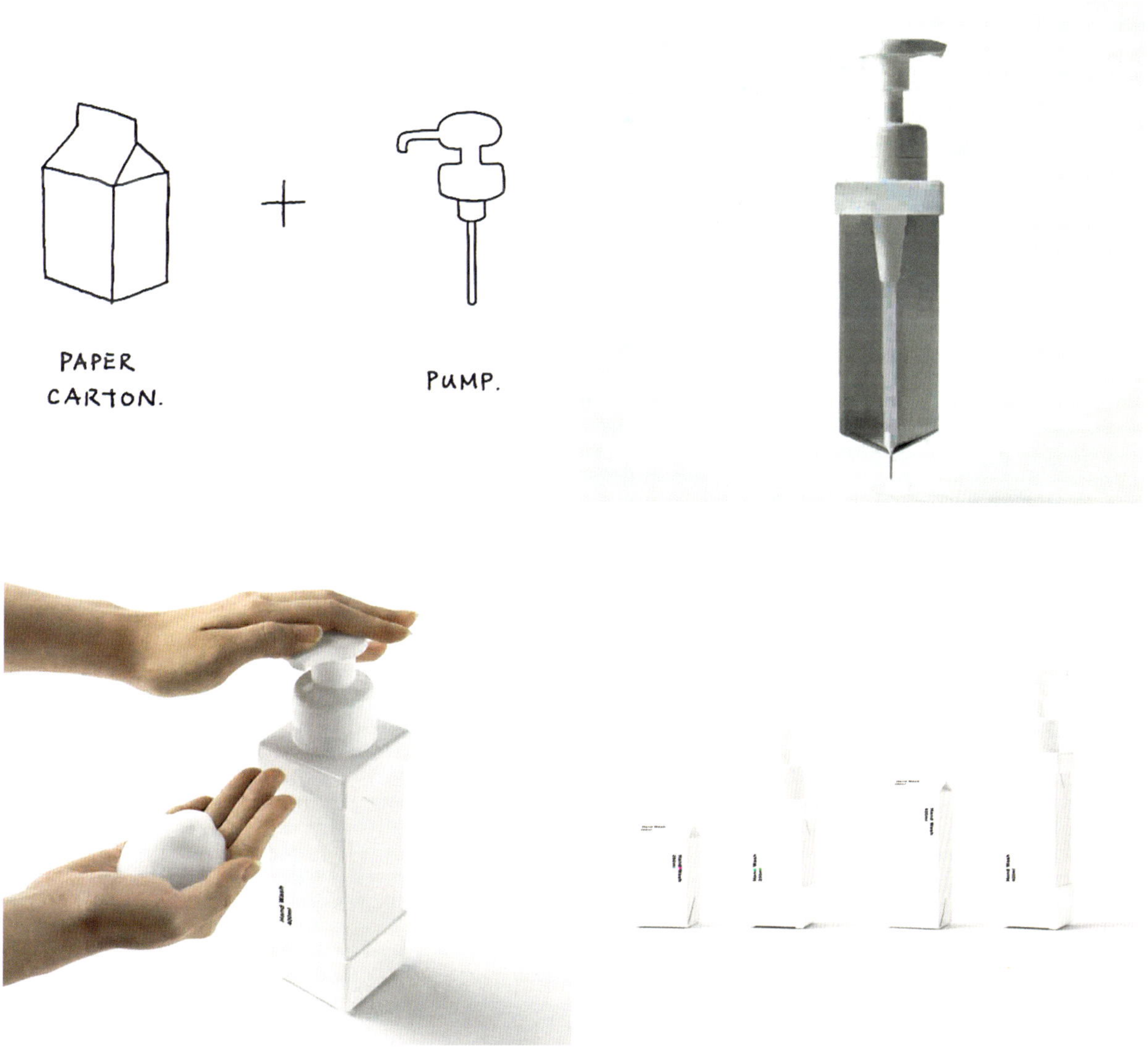

图5-28　沐浴露包装/图片来源于包联网

图5-29　Iphone X包装/设计：苹果公司

再生能源，增加产品和设施的能源效率，例如使用再生纸，提高纸张利用效率，严格管理纸张原材料来源等；介绍提供保护和创造可持续的森林发展计划，包括苹果在美国和中国创建、保护可持续森林的多种措施；另外，在产品开发和工艺中寻找更安全的材料，在包装结构设计上努力实现减量化。苹果手机的包装盒，一直是行业内广受好评的结构设计典范。例如iPhone 6s的产品包装中有两个塑料托盘，分别盛装设备和配件。而iPhone 7的包装则通过结构设计使用单个托盘满足同样的需求，消除的一个托盘使材料用量减少一半；同时将内部配件的塑料包装去掉，代以纸浆模塑，减少了材料种类，更便于回收。另外，iPhone 7的产品运输包装通过瓦楞纸的结构设计，将产品包装盒悬空安置在箱内，减掉了缓冲泡沫材料的使用。根据官方公布的数据，iPhoneX的包装盒总重183克，其中纤维材料175克，塑料薄膜8克。纤维材料来自可再生材料，如竹子、甘蔗残渣。这些措施都有效地推进了绿色包装的使用（图5-29）。

第四节　绿色包装的设计策略

一、可复用

可复用策略是指包装在完成对其所盛装产品的保护、储运以及促销等辅助功能之后，仍然有剩余价值可以利用，例如其附加功能的发挥、包装材料的二次转化或是对回收包装进行重新装填等方式都可以直接或间接地实现包装的重复利用，以达到节约生产资源，减少环境污染的目的，并对维护生态系统的发展有着不可小觑的作用。可复用包装需要在设计时将重复使用的节约理念融入到包装的设计、生产和使用中去，以资源利用和环境保护为出发点，力求从包装的源头上传达绿色环保的理念，引导消费者的环保行为，促进生态环境可持续发展。包装多次重复利用是充分利用资源、提高资源利用率，以降低使用成本、经济性能的最好的一种运作方式。这种可复用包装的内涵已超出保护商品的目的，通过创新和变革的包装形式，使其延长了包装本身的使用寿命，改变包装在完成包装使命后即被丢弃、造成环境污染和资源及能源浪费的现状。例如，科多纽酒是来自西班牙的产品，设计师为其设计了一款可以二次利用的包装。该包装的外型是有镂空的圆柱形，消费者可通过镂空部分看到酒瓶的样子。其特点在于，当消费者取出酒瓶之后，点燃包装内部自带的小蜡烛，然后罩上镂空的包

图5-30　科多纽酒包装/设计：米卡 · 卡尼夫（Mika Kanive）

图5-31　葡萄酒包装1/图片来源于网络

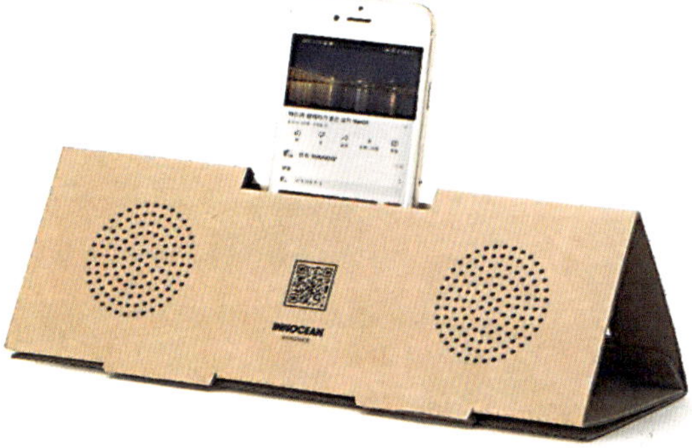

图5-32　葡萄酒包装2/图片来源于网络

装，原本的酒包装立刻变为镂空灯罩，浪漫的烛光会为消费者带来一种独特的饮酒体验（图5-30）。

可复用包装策略尽可能地促使消费者以多种方式多次使用所购买的物品，防止商品过早地成为废弃物。图5-31、图5-32是一款可重复使用的葡萄酒包装，它可以为消费者提供一个品尝葡萄酒的绝妙体验。打开包装袋，会出现一个纸框，它可以保护酒瓶免受冲击，按照说明折叠这个纸框，它便成为可以容纳手机的无电源扬声器。扫描印刷的二维码，与葡萄酒匹配的音乐将通过扬声器平稳地放大。

违背可复用原则的最普遍的现象是一次性消费品的大量滥用。虽然有些条件下（如医疗用品）必须一次性使用，但无节制地在各领域开发一次性产品，是对自然资源与环境的无情践踏。席卷各地的“白色污染”中最主要的组成就是用来包装外卖餐食的一次性饭盒，一次性塑料发泡餐具在生产过程中消耗大量发泡剂，挥发物对臭氧层有很大消耗，废弃后降解周期长达几百年之久，危害极大。拒绝一次性包装物，延长包

图5-33 “知厚”白酒包装1/设计：凌云创意

图5-34 “知厚”白酒包装2/设计：凌云创意

装的使用寿命，提高重复使用次数等是可持续包装设计必须遵循的原则。这一原则要求通过工艺和技术提高包装自身的坚固耐用程度，并从设计上提供再次使用的可能。

在使用可复用包装策略时，设计者可以从包装结构和功能入手进行思考。在包装结构上，可以设计出直接复用包装、改装复用包装和组合复用包装。直接复用就是包装重复利用的实现不需要经过拆分或改装等手动操作，而是直接依托于包装物稳定、坚固的结构以及造型特征之上，通常是对于包装盛储功能的延伸。在进行此类可复用包装设计之时，选材需要满足物理性质稳定的要求，包装的结构与造型应以简洁化为主。例如以金属、木材、纸材或玻璃等材质制作的罐类、瓶类以及盒类等容器型包装，在开启之后可直接作为储物器具长期使用。“知厚”是一款柑橘风味的中国白酒，它的包装以柑橘为造型，瓶盖造型直接模拟了柑橘的枝干，当瓶子装进橙色的布袋中后，瓶盖会露在外面，整个看上去就会更像一颗惟妙惟肖的柑橘，新鲜得就像刚刚从树上摘下来的一般，这样，除了使消费者直观地了解到其独特之处，外包装袋后续还可以作为零钱袋使用（图5-33、图5-34）。

改装复用即通过对包装进行拆分和改装，改变其原有结构，转换成其他物品，从而获得新的使用功能。此类可复用包装需要设计师对包装进行合理的结构转换设计，包括包装整体结构的转换和对于包装局部结构的转换，将实用性与趣味性相互融合，实现包装的重复利用。组合复用型包装即以单个的包装作为基础零部件，类似建筑中的砖瓦构件，通过模块化的同类组合形式实现包装的重复利用。例如，韩国一设计工作室设计了一款改装复用型包装，可以将硬纸板变成足球。在很多不发达国家，很多小孩用自己做的足球踢球，这样的球经常会散开并伤害到他们的脚。现在他们可以用这种耐用的硬纸板球了，想踢多久就踢多久（图5-35）。

商品的包装具有传递信息的功能，为展现出其品牌文化特色，且进一步促进商品的销售，许多包装在装潢设计中都会运用到丰富的视觉装饰元素，如多变的色彩和炫目的图案。消费者可以将这些绚丽的视觉元素灵活运用起来，融入生活，装饰生

图5-35 “梦想足球”包装/设计：韩国Unplug设计工作室

图5-36 多功能鲜花包装/图片来源于网络

活，使用者也可以对包装整体或部分材质分解改造，达成对包装重复利用的目的（图5-36）。

二、减量化

包装减量化设计作为实现绿色包装的一项重要策略，能从源头上减少包装废弃物的污染。关注包装生命周期中的消费环节，从包装视觉组成部分研究包装减量化设计，能在技术有限的情况下实现包装减量化设计的最大化，对保护生态环境，促进经济可持续发展有重要意义。例如，根据雀巢公司公布的数据，咖啡罐的厚度通过技术改进由0.19毫米减至0.17毫米后，每年减少铁的使用量达800余吨。采取这些减量化措施，对于企业来说减少了原料用量、减少了包装体积、减少了生产和运输成本，是实现企业经济效益与社会环境利益的双赢。在包装中实施减量化设计策略，对于目前国内包装市场具有可推广应用的现实意义。

减量化，顾名思义是要尽量减少进入生产和消费过程中的物质和能量，从源头上减少自然资源的消耗。这是维持生态平衡最重要的手段，也是绿色包装的首要原则。一度受到全社会谴责的“过度包装”，就是完全与这一原则背道而驰。在包装的设计阶段就要将减量化问题纳入考虑，最大程度减少包装用量，或使用较少的能源和原料生产同量包装。例如，依云矿泉水瓶Pure Drop依靠开模压制技术将自身品牌logo以浮雕形式呈现在塑料包装瓶上，从而完全舍弃了标签；瓶口用覆膜封闭，取消了瓶盖，饮用时揭开薄膜即可，产品信息印刷在瓶盖薄膜上。该设计减小瓶身厚度的同时，降低了包装重量，将包装设计减量化原则贯彻得十分彻底（图5-37）。如今市场上的大部分瓶装水均使用塑料瓶进行包装，在消费者获得所需要的物品（水）之后，包装物（塑料瓶）则被废弃。塑料瓶的生产耗费大量自然资源，废弃后无法自然降解的塑料更给环境带来极大压力。瓶装水行业规模庞大，塑料包装瓶的重量哪怕只减少

图5-37　依云矿泉水瓶Pure Drop/设计：弗雷德里克·布拉斯（Frederick Blass）

0.1克，整体来看所拯救的资源也是极为可观的。另外，在运输瓶装水的过程中用塑料封膜代替纸箱，也是行业的一个有益举措，其他液体饮料产业中，也有同样的情况。

除从材料和结构上进行减量化设计外，设计者还可以在保证设计质量的情况下进行工艺上的减量化设计。比如，包装中的颜色在印刷输出时是按照套系来收费的，并不是按照色彩的面积和用量来收费，也就是说，同样的材质大面积的使用色彩和小面积使用同样的色彩价钱是一样的，这就直接导致了很多包装毫无节制地大面积使用色彩。多种套色的使用增加了油墨的用量，从而造成油墨污染，进而加大包装回收难度，最终加剧环境污染。合理地减少色彩套系的使用，一方面可以为品牌商节约包装成本，另一方面也可以减少环境污染。同时，不少产品的包装存在过度使用印刷后期工艺的情况。很多白酒包装在印后采用UV、烫金、压纹、镂空、覆膜、镶嵌等多种工艺，这些工艺也会提升包装的制作成本，应适度使用。

三、再循环

再循环设计策略是要尽可能地将“废弃物”回收、处理、加工，使其成为资源并再次进入生产和使用过程，从而减少废弃物的总量，降低对环境的影响。其要求在包装设计初期，就应充分考虑其零件材料的回收可能性、回收价值大小、回收处理方法、回收处理结构、工艺等与回收有关的一系列问题，最终达到零件、材料、资源、能源的最大利用。包装的再循环利用主要是为了提高包装使用的绿色效能，包装在完成流通之后可以回收再利用，成为新物品，以达到物尽其用，节省资源，保护生态环境的目的。例如，OceaniQ洗涤剂邀请雅典的设计公司2Yolk为其打造了全新可持续包装，瓶身材料由100%海洋回收渔网制成，减少了碳足迹的产生。同时包装标签上绘制了以保护海洋生物为主题的插图，提醒人们环境保护的重要性（图5-38、图5-39）。

废弃的包装物可以回收再制成新的包装，即原级资源化，也可以成为其他产品

图5-38 OceaniQ洗涤剂包装1/设计：2Yolk

图5-39 OceaniQ洗涤剂包装2/设计：2Yolk

图5-40 海飞丝洗发水环保包装瓶/图片来源于网络

的生产原料，即次级资源化。如2017年夏天，日用消费品巨头宝洁公司与法国家乐福合作，推出了海飞丝洗发水的环保包装瓶，由美国回收和再利用废料领域的先锋Terra Cycle公司和法国环保公司Suez联合生产。环保包装瓶瓶身的部分原材料来源于志愿者和公益组织在海滩上收集的塑料垃圾（图5-40）。宝洁公司计划在2018年年底保证欧洲市场每年能够完成5亿个再生塑料包装瓶的产量，其中大部分用于潘婷和海飞丝等护发品牌的包装。每年进入海洋的大量垃圾中，塑料占比极高，由于它的降解周期长，给海洋生物带来巨大的生存威胁，同时塑料漂浮到岸边积压成堆，给许多地区带来严重的环境问题。它与多种垃圾混杂在一起，也造成了回收障碍。不过有许多全球性企业已经为此做出了努力，阿迪达斯就曾推出使用海洋废弃物设计制造而成的运动鞋。此外，设计师菲茨罗伊（Fitzroy）曾发起一个名为“从废料到耗材”的项目，向每位消费者传播回收的理念。这个项目通过回收荷兰北海岛屿的海滩上废弃的可口可乐包装标签，制成如大理石纹般的瓶盖，作为朗姆酒包装的独特配件，酒瓶的瓶身也是回收自同一片海滩的玻璃垃圾，制成光滑、无标识的玻璃瓶，以鼓励用户再利用。由此可见，包装的再利用减少了原料的使用，提高了消费者的环保意识。

课后实践

实践题目：茶叶绿色包装的设计与制作。

考核要点：

1. 视觉设计符合茶叶属性。
2. “绿色”的概念在包装设计中有体现。
3. 包装结构合理，设计新颖、便于使用。
4. 画出平面展开图、三维效果图，制作出包装实物。

第六章

体验包装设计

课前思考

1. 体验包装是不是必须要有人参与？
2. 感官上的体验算不算体验包装？
3. 请列举出两三个你身边的体验包装案例，并说明它的“体验感”是怎么体现的？

体验的概念来自于心理学。心理学认为，体验是指由人在实践中亲身经历所产生的一种心理活动，是人对自身所经历的事件、物件及周围环境在生理和心理上的综合感受和感情升华。作为物品的创造者与设计者，人同时也承担着使用者的角色，体验包装设计则是更多的把注意力转移到人本身的体验情感中，关注人的内心情感需求，通过对包装颜色、材质、造型、使用方式等的设计，创造出能够引发人类情感共鸣的形式，并使得消费者获得愉悦的审美体验。在相当多的品牌包装形象创意设计中，仅仅做到了设计良好和功能优越，还不能满足消费者的客观需求，需要借助情趣盎然的情感诉求来有效激起消费者的情感体验，进而引发共鸣，最终达到促使购买的目的，让消费者高度认可这个品牌。在包装设计中融入更多的情感色彩以及人情味，更容易取得消费者的认可。在消费者接触商品包装的过程中，消费者特点、消费者行为、周边环境以及包装物构成了一个相互影响的系统，消费者与包装之间的交互式体验也基本围绕上述四个要素展开（图6-1）。体验式包装强调的是多方参与的引导性，由此获得愉悦的体验，这类包装逐步成为现代包装发展的新趋势。

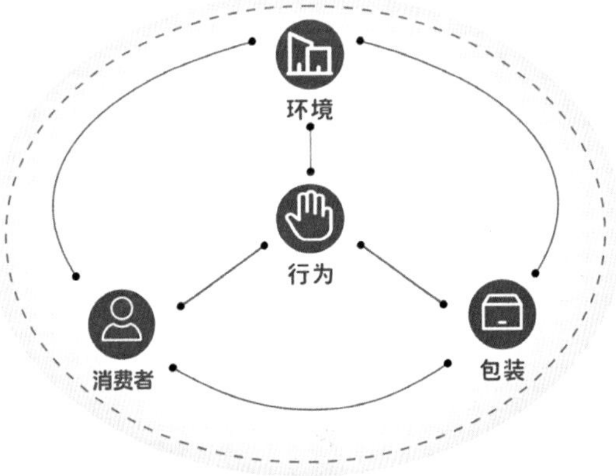

图6-1　包装交互式体验系统

第一节　体验包装设计的心理基础

消费者在购买商品时，可以让人产生审美愉悦、心情舒畅等积极情感的商品能够激发消费者的购买欲，而枯燥、乏味等消极的情感则会抑制消费者的购买欲。在现代设计趋势下，设计需要通过设计语言向消费者传递某种积极的情感，不能只停留在满足消费者表层的视觉感受和包装功能上。因此，设计在打动消费者眼球的同时还要打动消费者的心灵，设计师光靠视觉元素的单纯表现是远远不够的，还应该对消费者的心理、生理和情感等方面进行深入研究，让商品可以和消费者进行情感交流，给消费者带来美好、积极的情感体验，从而激发消费者的购买欲望。关注和研究消费者的心理，成为了包装设计前期工作的重要内容之一。

一、感觉与情绪

感觉是人脑对直接作用于感觉器官的客观事物的个别属性的反映，是一切认识活动的开始。它包括听觉、视觉、味觉、触觉、嗅觉等，如能聆听音乐、能欣赏图画、能品尝美味、能触摸材质、能闻到幽香等。一般情况下，人们通过感官得到外部世界的信息，经过大脑的综合解释与加工，便产生了对信息的感知。在相同的主观条件下，外界的刺激强度越大，就越容易被消费者感知。反之，外界的刺激强度越小，就越不容易被感知。通过视知觉、听知觉、嗅知觉、味知觉和触知觉等外部感知，可以强化信息接收效果，并反映外界事物的属性，如对物体的形状、大小、距离和运动等的知觉属视知觉（图6-2），对声音的方向、节奏、韵律等的知觉属听知觉，还包括通过肌肉运动、平衡内脏等感觉来产生的体内刺激。日本知名设计师原研哉倡导的“五感”设计就是针对人的感觉展开的。在进行包装的五感设计时，需要注意“感觉阈限”的设定。“感觉阈限”是一个心理学术语，指恰好引起感觉的刺激强度。小于阈限的刺激强度，对机体的感觉器官是不发生反应的。能引起感觉的最小刺激量被称为绝对阈限，能引起感觉的最大刺激量被称为上阈限。正是这些科学的数据，为感觉的刺激效果和舒适度提供了适宜的物理范围，也为包装设计实践提供了参照。

情绪是对一系列主观认知经验的通称，是多种感觉、思想和行为综合产生的心理和生理状态。最普遍、通俗的情绪有喜、怒、哀、乐、爱、恶、惧等，也有一些细腻微妙的情绪如嫉妒、惭愧、羞耻、自豪等。情绪常和心情、性格、脾气、目的等因素互相作用，也受到激素和神经递质的影响。无论正面还是负面的情绪，都会引发人们行动的动机。尽管一些情绪引发的行为看上去没有经过思考，但实际上意识是产生情

图6-2　果酱包装设计/设计：玛尼·布达扬（Mane Budaghyan）

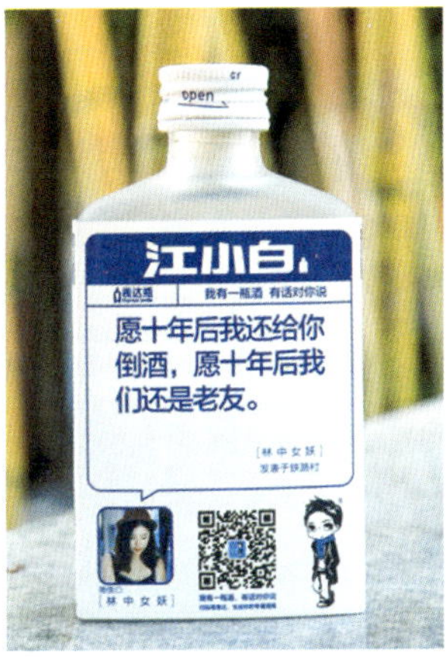

图6-3　江小白酒包装/图片来源于网络

图6-4　“我爱汉水1906”引用纯净水包装1/设计：武汉璞梵创意

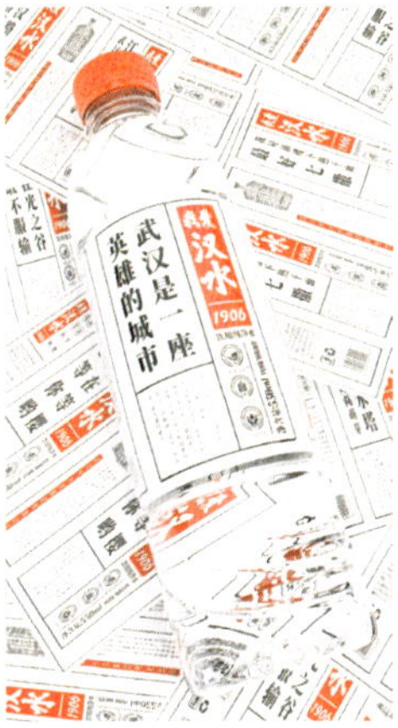

图6-5　“我爱汉水1906”引用纯净水包装2/设计：武汉璞梵创意

绪重要的一环。人的情绪有天生的成分，也有后天控制的成分。心理学研究认为，情绪成分包括内在体验、外显表情和生理激活三种成分。作为一种明显刺激源的情感状态，情绪表达的是认知主体与客观存在之间的复杂关系，以及客观事物对个体的综合影响。结合设计认知领域的相关研究成果来看，情绪是用户综合性体验的重要内容，反映了人们对设计形式的感知结果，体现了对功能实现或效率高低的主观判断，同时还包含了对内涵意义的理解或者美的感受，真实体现了用户对设计优劣的主观判断。江小白酒包装就属于情感类包装设计的成功案例之一。江小白是一个新生代白酒品牌，它的包装容量较小，包装上有很多打动人情感的互动文案。有人甚至为了收集江小白的包装，跑遍了重庆的每一家店。

江小白的包装设计成功之处不仅仅只是文案，其在包装设计观念上亦不断推陈出新。江小白推出了一个新的概念：表达瓶。那么什么是表达瓶？表达瓶就是一种可以用来表达的瓶子。即消费者扫描江小白瓶身上的二维码，输入想表达的文字，上传自己的照片，程序就会自动生成一个专属的酒瓶。如果这个酒瓶上的内容被选中，它就可以作为江小白的正式产品，付诸批量生产并全国同步上市。一样的瓶型，不一样的表达方式，产品的包装也随着不同的照片而变化，这样的包装设计更加拉近消费者与商家的距离，传达和连接了两者之间的特殊情感，从而使得江小白的营销在市面上能站得住脚，在一定程度上也拓展了包装设计的表达形式（图6-3）。

2020年的新冠病毒疫情过后，武汉市水务集团推出了一款“我爱汉水1906”文创瓶装水。红色的“我爱汉水”文字是新系列产品的总冠名。旁边用庄重、大气的标宋字体写着“武汉是一座英雄的城市”，并以竖排老报纸标题的形式呈现。下方的小字进一步作诠释：武汉虽然历经多次磨难，但武汉人从不畏惧艰难险阻，颇具英雄气概，以此纪念英雄城市和英雄人民为抗击疫情做出的巨大牺牲和努力。此外，瓶标还有热干面、樱花、光谷、古琴台等元素，从人文、景观、方言、小吃等不同维度展现武汉城市的风貌，引起消费者对这座城市精神的认同（图6-4、6-5）。

二、情感与知觉

情感是主体对客观现实的心理反应，是主体对客观对象是否符合自己的审美需求而做出的一种心理反应，是一种带有本质性、稳定性而又具有易变性的主观态度和体验。情感关联了感知力、注意力、想象力、理解力和判断力等众多因素，心理因素的中心环节是审美创造性思维活动的内在驱动力。情感在包装审美心理过程中具有极其重要的作用。在包装审美心理过程中，主体的情感活动建立在感知力和注意力的基础上，并借助想象力，实现感性和理性的相互交融。包装情感体验以审美认知判断为基础，包含着丰富的理性因素，通过情感活动理解审美对象内在的观念内容。这主要表现为消费者对产品及其包装的态度，集中体现为认知主体的移情和认同（图6-6）。不同的包装创意和色彩寓意，既可以激发消费者的情感体验，又可以满足接受者的情感心理。比如，红色象征热烈、喜庆，容易调动喜悦、欢快的情绪，常在礼盒包装中使用；绿色象征生命、希望，容易激发生机勃勃的联想，常见于绿色食品包装；蓝色象征宁静、博大，容易产生睿智、理性的印象，常用于科技产品、药品包装（图6-7）。

知觉是在感觉基础上产生的人脑对客观事物的整体反应。实验证明，输入的知觉客体信息与已储存的审美主观经验信息之间存在着拓扑映射——视觉系统对外界图像是从大范围性质出发的，先有图形和背景关系的知觉，然后才有图形局部性质的进一步识别。在包装设计中，设计师通常会利用各种视觉元素塑造出审美状态下的视觉真实感，形成视觉上的连续感、秩序感和韵律感，或者利用不同感觉在一定条件下相互作用所产生的联觉，通过特定的色彩和造型，避免产生令人不愉快的感觉或形成感觉的位移和转换，以增强包装设计作品的艺术魅力，使消费者对包装画面形成更为全面而深刻的印象。知觉通感是设计师们经常使用的一种方法，在食品包装中，为了让消费者直观地感受到食物的味道，设计师会用红色或橙色来代表辣，很多冰淇淋品牌的包装采用粉红色代表甜，这些设计充分利用了知觉通感，让消费者产生了感觉联想（图6-8）。

图6-6　食品包装设计/设计：布拉德沃德（Bradward）

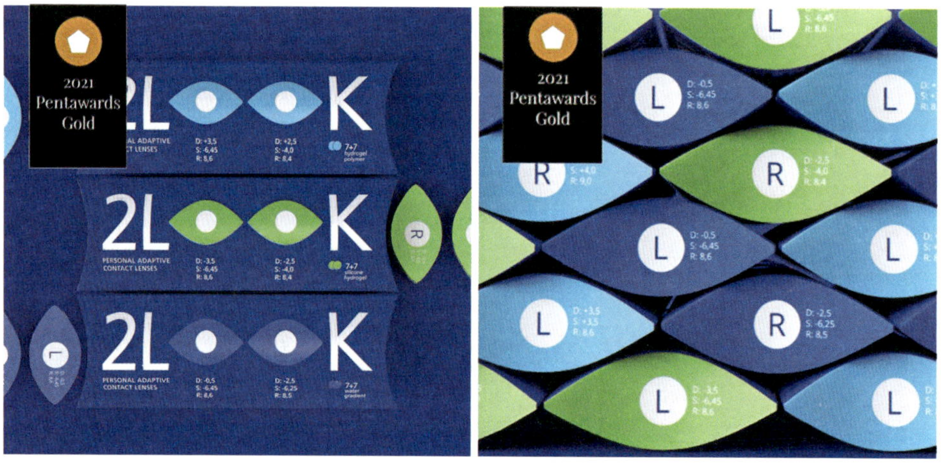

图6-7　2Look隐形眼镜包装设计/设计：玛丽亚·维什尼亚科娃（Maria Vishnyakova）

图6-8　DENADA冰淇淋包装/设计：乔 · 库特里工作室

第二节　体验包装的种类

一、感官体验包装

世界知名公司IDEO的创始人之一——比尔 · 莫格里奇（Bill Moggridge）认为，人们在观看物体时，首先进入人们眼里的就是物体的颜色、形状、比例、材质和表面处理工艺的美感价值。人们和物体之间的关系随着接触时间的增加而越来越密切，甚至会和物体进行互动，在互动体验的过程中，人们通过视觉、听觉和触觉等感官产生的感觉，对自身的体验产生深刻的影响，这也正是设计的精髓和奥妙之处。感官体验包装主要借助一些设计手段将视觉效果、气味、纹理等元素呈现，让用户对产品建立一个外部的总体感受（图6-9）。例如，一个有趣的视觉形象会让用户情绪得到愉悦和放松，提

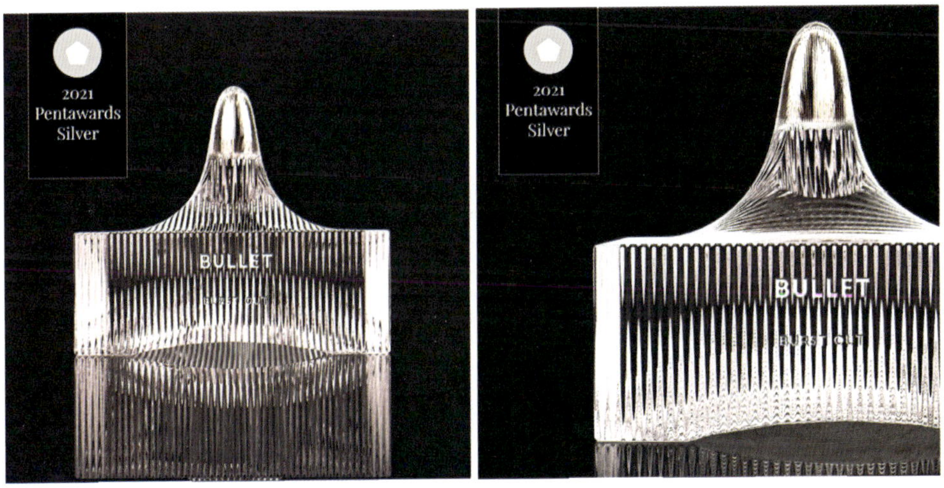

图6-9　Bullet酒包装/设计：戴东

升用户对产品的好感度；或者有的设计将食品的气味融合在包装材料上，通过嗅觉的连接使用户和产品之间建立起体验的关系。一个良好的初次印象基本来源于商品的视觉体验所带来的观感，且这种情感需求更明显地表现在年轻消费者身上。这可以有效地帮助消费者唤起对产品的无限联想，然后做出购买的选择，它是情感处理的起点。在视觉层面上与包装直接相关的就是产品的造型、色彩、文字、图形等，可以通过联想的方式给消费者塑造良好的视觉形象，从而使其形成对产品感觉的整体认知，从生理、心理、美学三个维度深化感情效果，达到视觉计划的设想。感官体验包装设计的可体验范围见表6-1。

表6-1　感官体验包装设计的可体验范围

范围	知觉体验					情感体验		
体验分类	视觉	触觉	听觉	味觉	嗅觉	经验感	问题感	游戏感
具体分析	包装上图形、色彩等视觉设计语言刺激视网膜产生的感觉	皮肤接触到包装表面的材料肌理时产生的感觉	对包装所发出的声音或振动产生的感觉	舌头接触到液体或溶解于液体的物质时产生的感觉	鼻腔黏膜与包装发出的气体分子相接触时产生的感觉	让人想起某件事，或由于某些习惯感觉，导致将原本不关联的事物联想起来	让顾客被某些问题所吸引，产生某种求知欲和得到解决办法后的兴奋	以趣味方式将顾客吸引住，让顾客对产品主动投入，而不是被动接受
表现形态	华美、朴素、神秘、庄重、浑厚	粗糙、平滑、软弱、坚硬、冰冷、炙热	嘈杂、清脆、机械、零碎	酸、甜、苦、辣、咸、辛	香、清新、腥臭	回忆、联想、怀念、同构、代入	好奇、兴奋、怀疑	愉悦、激动、紧张、欢乐、有趣
体验特点	直接传达					间接传达		
实现方法	运用材料、图形、色彩、音效等设计					运用创新方式巧妙设置		

由于图形具有直观生动、易识易记的特点，容易在视觉上调动消费者的感官，激发他们的心理共鸣。因此，图形在感官体验包装中扮演着非常重要的角色。传统的包装常用摄影图片来突出产品的质量和特点，让消费者“所见即所得”，调动他们的购买欲望。例如，图6-10是一款面膜包装，设计师借助消费者的夸张表情与面膜中主要成分的摄影图片来体现安全、真实、轻松的氛围，能更好地拉近产品与消费者之间的距离，使消费者产生亲切感和认同感。在图形处理方面，将黑白的人物形象与彩色的实物图相结合，形成视觉差，更容易让消费者区分面膜的不同功效：黄瓜补水、草莓祛痘、柠檬美白。在包装设计中植入消费者形象，可以拉近产品与消费者之间的距离，特别是那些不适合直接

图6-10　面膜包装/图片来源于网络

图6-11　CJ食品包装/设计：冉慧娜

图6-12　“醴道”米酒包装/设计：新礼记品牌科技有限公司

用产品自身形象表达的商品，借助消费者的形象、动作、表情，有助于消费者对商品特性、性能、用途等的了解，增加亲切感和可信度。另外，包装上直接采用目标消费者形象以及再现消费者的使用场景，也会使包装在反映商品使用状况的同时，更容易吸引目标消费群的关注和获得消费者的认同。

在当下，感官体验包装上流行用插画、图形创意等方式将商品形象进行艺术处理后，直接呈现在包装上，营造出或直观或真实或有趣的氛围（图6-11）。有些包装用图形来呈现产地风貌，对于具有强烈民族地域特色的商品，承载着众多的传统历史及个性信息，其产地往往被看作是商品品质和特色的象征。包装中的视觉图形也经常取自于商品原料产地的特殊人文和自然景观或文化，即物质元素，目的是强调商品的独特性。例如，“醴道”米酒包装（图6-12）的瓶身设计以刚收割完的稻谷为灵感元素，用稻谷图案将瓶子包裹来表现产品是由纯大米酿造，同时标签上配上抽象、简洁的“传统农耕”画面，突出自然、纯净的产品特征。此外，瓶身上刻画出稻穗和稻谷的肌理，使消费者可以触摸到稻谷和稻穗的质感。产品的特点被真实地传递了出来，给消费者以强烈的感官刺激。多变的图形创作手法、风格给感官体验包装设计提供了诸多可能。

二、情感化体验包装

从生理学角度来讲，情感体验是人们通过五种感官，即视觉、听觉、嗅觉、味觉、触觉的方式，接收外界的信息和刺激后产生的独特感受。从心理学角度来看，情感是人对客观事物的一种特殊反应形式，是主体对外界刺激给予肯定或否定的心理反应。消费者的情感需求是多层次的，马斯洛的需求层次理论将人的基本需求分为五种：生理需求、安全需求、归属与爱的需求、尊重的需求、自我实现的需求，而这些需求是从低级到高级，从物质到精神逐渐发展的过程。人们对商品包装的态度也由生理和安全等基本需求向自我价值实现等更高层次的需求迈进，更加注重情感愉悦和精神享受。情感化体验包装设计使原来以物为中心的设计模式回归到以人为中心的设计主线上，更加符合现代消费心理和时代的变化（表6-2）。

表6-2 情感化体验包装设计的品牌记忆阶段

体验转化过程	体验反应	体验结果
1. 感知	任何人都像一个不断从外界接受信息的感受器，感受着知觉和思觉（四肢、眼、耳、口、鼻、大脑）的体验	通过包装的体验式设计给消费者创造基本知觉和思觉体验
2. 情绪	知觉和思维进一步成为消费者的一种情绪	引发消费者内在的情感共鸣
3. 思考	消费者的大脑开始理性分析	设计师以创意的方式吸引消费者的关注，并促使消费者产生一定的思考性认知，从而获得独特体验
4. 形态	通过互动的形式引发消费者体验，明确替代方式及形态，消费者的生活形态的改变是被激发的或自发的	大脑分析后，有机会变成消费者的行为，进而成为一个人的习惯或生活形态
5. 亚文化	一定数量的人群形成习惯后，建立起对某个品牌的偏好，同时使用该品牌的人成为一个群体	最终出现一种属于某品牌的特有的亚文化

现代社会中消费者不仅希望通过消费来表达和传递某种社会意义和信息，从而体现自己的身份、地位、个性、品位以及情趣和认同，而且还期待通过消费这些商品所象征或代表的某种社会文化意义体现自我价值，例如美感、档次、氛围、气派、情调等（图6-13）。在此情况下，消费者选择商品或品牌的标准不再基于“好”或“不好”这一理性认知观，而是更基于“喜欢”或“不喜欢”的情感态度观。因为消费者所追求的是在消费过程中商品所提供的美的感受、时尚性、趣味性、流行性等象征性情感价值。这是一种完全抛弃动机、抛弃自我意识，达到一种放松、高度快乐的状态。自我实现给消费者带来巨大的满足和愉悦，这给设计师创造了一种设计的可能，即从这种忘我的、自我实现的感情入手，通过设计物激发人的自我实现的需要，帮助其获得情感体验。例如，Sun Feel蔬菜包装（图6-14）的设计师在包装上塑造了不同的人物形象以对应不同的蔬菜，这些人物形象无一例外地都戴着

图6-13 轩尼诗酒包装/设计：托马斯·乔瓦夫（Thomas Chouvaeff）

图6-14 Sun Feel蔬菜包装/设计：苏珊娜·贝尔基娜（SuzannaBelkina）、埃琳娜·卡贝列娃(Elena Kabeleva）

墨镜，以表现品牌属性——阳光，所用的符号与产品结合为一个整体，富有个性和艺术表现力。人物形象的设计拉近了产品与消费者的距离，能够引起消费者的共鸣。

三、交互式体验包装

由于信息技术的发展，导致包装设计在形式和内容上都发生了根本变化，信息交互成为了体验经济时代的代表性设计特征。在这种新的模式下，包装与消费者的信息交流，从以往的单向传递转向用户参与下的双向交互，用户体验也从单纯的感官感受转为更深层次的生理愉悦和情感满足。同时，进入21世纪后，商品的种类随着人们日益提升的物质生活和精神生活而丰富起来，商品消费形态从卖方市场向买方市场转变，用户对包装的要求也逐渐提高，他们渴望“参与”“体验”和“感受”，交互式包装正是在这样的时代背景下悄然而生。交互设计理念在包装设计领域的应用，目的在于构建消费者与包装之间的信息沟通模式（图6-15）。

严格意义上说，包装设计本身就是一种交互。包装是品牌产品的载体，销售过程

图6-15 B-ing Flower饮料包装/设计：提示设计

图6-16 “万花齐放”糕点包装/设计：克里斯蒂·维贾亚（Christie Widjaja）

图6-17 “可以玩游戏”红酒包装/图片来源于网络

中必然与消费者产生互动与关联，品牌商在包装设计中考虑如何将产品特性及价值点以可视化的形式传递给用户。而依托于包装设计细分出的交互式包装设计则更侧重于在形式上如何增强与用户的互动交流，其考虑更多的是用户消费体验、产品情感与品牌特性的需求结合、形式与技术的创新应用。结合品牌方的营销模式，衍生出更契合品牌基调的包装特性。与传统包装设计相比，交互是包装设计的最大特点，在于它对消费者与包装之间交互行为的关注，思考如何以用户体验为中心进行交互式信息呈现。交互式包装通过包装的开启方式、携带方式、使用时的友好性等，直接影响到消费者的生活方式与使用感受。例如，“万花齐放”糕点包装便是创新了交互的形式。其在包装的表面上设计了很多星座图像。孩子们转动外盒到想看的星座上，打开光源通过图案投射出星座，然后将图案底部对准光源就能观看星座（图6-16）。这个包装就是一个具有探索性的玩具，具有很强的趣味性，提升了使用者的体验。

图6-17是一款被称为“可以玩游戏”的红酒包装，这款包装的瓶身标签上设计了猜字、连连看、迷宫等小游戏，在设计上吸引消费者参与到设计师所营造的氛围之中。通过标签上的小游戏建立与消费者的信息交流，从以往的单向信息传递转向用户参与下的双向交互，用户体验也从单纯的感官感受转为更深层次的生理愉悦和情感满足，在物质生活得到满足的基础上，实现了精神生活的提升。包装的交互性得到了充分体现。

第三节　体验包装的设计方法

一、感官体验设计法

日本设计师黑川雅之曾说过，21世纪是体现身体感官特点的设计时代。随着消费者感觉阈限的日益提升，消费者的注意力满足不再局限于视觉、听觉等单一感知途径，基于综合感官系统的认知体验开始深刻影响大众消费行为模式。利用新的形式、技术和材料，在完善、丰富包装功能的同时，引入其他感官要素，打破视觉审美疲劳，追求综合感官刺激的多感官设计理念，为包装设计创新提供了新方向。感官体验通常是指接受外界刺激物的感觉器官，在设计中的“感官”不单是指“感觉”，还包含用户的知觉和情感部分。利用感官体验设计法，能够将消费者想要了解的产品信息采用最直观的能感知的方式、通过多种通道传递。它真正地在产品和消费者之间建立起一种更为密切的关系，打破了从前单一视觉化设计的格局。感官体验包装设计一方面要从综合感官渠道入手，满足消费者的审美需要与情感需求。另一方面，更应该设身处地考虑包装设计的便捷性、舒适度以及与目标消费群体的匹配性，其关键在于针对特定生理及心理需求，通过触觉、味觉、嗅觉、听觉和视觉的综合感知，在消费者脑海构建产品的多种感官印象，增加品牌信息，增加消费者将其转化为购买冲动的可能性。

例如，日本设计师深泽直人设计的一系列果汁包装，以“果汁的肌肤”命名（图6-18至图6-20），这是“感官体验设计法”在实践上的体现。该系列产品有香蕉、草莓、猕猴桃等品类，包装直接采用水果外型，将“水果味”和包装形象做到统一，并且将猕猴桃汁的包装保留水果皮肤上的绒毛，草莓汁的包装镶嵌小种子，还原产品的真实形象，既体现了产品的新鲜度，又达到使消费者在种类繁多的货架上一眼识别的目的。深泽直人通过对感官体验和包装设计的结合，将设计元素具体化，以包装的形态展现给消费

图6-18　“果汁的肌肤”系列包装1（香蕉）/设计：深泽直人

图6-19　“果汁的肌肤”系列包装2（草莓）/设计：深泽直人

图6-20　“果汁的肌肤”系列包装3（猕猴桃）/设计：深泽直人

图6-21 “可以咬的果汁”包装1/设计：三得利

图6-22 “可以咬的果汁”包装2/设计：三得利

者，不自觉地刺激消费者的感觉器官进行反馈。他利用感官体验所创造的形象，最大程度地发挥消费者器官的潜能，对产品进行全方位的体验与感受。

当前感官体验设计法用得较多的还是视觉和触觉的设计。视觉设计中图形、文字、色彩等元素会给消费者带来直接的视觉刺激，触觉引发的心理愉悦源自于对象的质感肌理。包装设计领域，直接运用材料的真实触感形成肌理是最普遍和传统的方法，也是非常有效的方法。有一些包装采用模仿的方法，使用纸张、塑料、玻璃等常规材料模仿需要的材质、肌理，实现真实触觉和视触觉的整合效果；或者通过特殊的印刷技术模仿某种肌理效果，同样也能够呈现出所需要的触觉概念。消费者接触商品之前，就可以通过视觉获取对商品的基本感受，从而判断其购买需求。

图6-21、图6-22是一款Pentawards2018年银奖获奖作品，名为“可以咬的果汁”。设计师将图形（视觉）与包装盒结构（触觉）相结合，让消费者有欲望参与进来并获得情绪上的宣泄，宣泄完以后，一颗活生生的被啃完的苹果造型便出现了。剥皮后的水果能让消费者感受到产品的真实和新鲜，100%纯天然果汁的产品特性和产品图形形象的处理高度融合，在消费者脑海构建出产品的多种感官印象，从而促使消费者产生购买欲望。

二、互动体验设计法

体验设计是将消费者的参与融入设计之中，使消费者感受到美好的体验过程。从本质上来说，包装体验价值的提升是以消费者需求为出发点，以需求满足为最终目的，使设计更加感知化，更加贴近消费者的情感心理，更能激发消费者内心的审美愉悦。从设计师角度来说，互动体验设计法注重用户和包装之间的互动性，强调用户使用过程中的参与度。设计师需要从包装产品特性和用户心理的角度考虑，使包装使用中和结束使用后具有实用性或趣味性，能够调动用户的参与度及积极性。从用户角度来说，互动体验式的包装可以使用户在设计师的基础上进行二次创新设计，达到设计师与用户共创的设计效果。例如，获得Pentawards2019年银奖的作品Bee-Fee蜂蜜包装，利用蜂巢的特殊结构，与包装盒外观设计相结合，所选材质也与传统的全塑料或全玻璃不同，而是采用了混合泥土和玻璃，更大程度地回归大自然。值得一提的是，产品使用完毕可将上面的玻璃瓶拿掉，剩下的混合泥土盒子不仅可以种植小植物，还具备其他生活用途。这种效能拓展设计是体验经济时代的重要特质，消费者对包装设计与使用的参与，将进一步彰显产品的个性化和差异性（图6-23至图6-25）。

图6-23　Bee-Fee蜂蜜包装设计1/图片来源于网络

图6-24　Bee-Fee蜂蜜包装设计2/图片来源于网络

图6-25　Bee-Fee蜂蜜包装设计3/图片来源于网络

图6-26　“树洞”干果包装1/设计：骨干品牌

三、情境体验设计法

情境体验设计法是基于包装品牌概念情境、社会大环境、用户使用情境分析，赋予包装适当的主题，提升包装的附加值，并通过对包装结构、图案和用户行为进行设计，创作出主题场景，把包装及其所处环境融入设计，在设计概念和设计形式上强调情景融合与互动，由此引发消费者的情感联想与联觉。同时，情境主题的设定可以高效传达品牌文化，提升用户体验度。情境主题的选取基于两个方面，一方面源于产品特性或产品名称。另一方面源于使用产品时用户的相关行为。主题相关元素的选取需具有以下特征：首先，主题相关元素具有主题代表性，元素必须符合预定情境的主题氛围，与现实情境具有关联性；其次，主题相关元素需满足用户情感需求；最后，主题相关元素选取需注意其覆盖范围的广度，达到普遍性与典型性的平衡。包装情景化设计在一定程度上提升了消费者与产品的互动层次，并能够促进人物、环境之间的信息交流与反馈更趋和谐。例如，“树洞”干果包装就充分应用了情境体验设计法（图6-26、图6-27）。这是针对坚果和干果所设计的包装，设计师由动物将坚果

图6-27 “树洞”干果包装2/设计：骨干品牌

图6-28 Milgrad猫牛奶包装1/设计：薇拉 · 兹韦列娃

图6-29 Milgrad猫牛奶包装2/设计：薇拉 · 兹韦列娃

图6-30 Milgrad猫牛奶包装3/设计：薇拉 · 兹韦列娃

储存在树洞中，以便过冬这一行为获得设计灵感，将包装盒设计成树洞的样子，用写实的手绘技巧展示出树的真实纹理，使其看起来就像一节真正的树干。树洞的部分使用透明塑料，这样就可以让消费者直观地看到树洞里的坚果。整个包装设计将使用的情景生动地体现出来，增强了包装的趣味感。

四、情感体验设计法

情感体验设计法以和消费者产生情感上的共鸣为目标，设计师通常会将蕴含在包装设计中最能打动用户的关键点表现出来，例如特殊的信息、代表性的标志或者产品所暗含的图形触动了用户私密的记忆或意识深处的共识，这样该款产品更容易与用户建立长久的互动关系。例如，艺术家薇拉 · 兹韦列娃（Vera Zvereva）为俄罗斯的乳制品品牌Milgrad设计的牛奶包装就在日本爱猫人士中引发了热议（这款包装针对爱猫人士设计）。Milgrad的牛奶包装会随着纸盒转向不同的方向，并组合排列出整只猫咪形象。在纸盒4面分别绘上猫不同的身体部位，全部转成正面就像一堆猫咪在架上探头偷看一样。猫的造型生动可爱，组合多样，只要把任意4罐排列在一起，就可以组合出不同姿势的猫咪，是个让爱猫人士无法一次不买4罐的设计（图6-28至图6-30）。一般采用情感体验设计的包装可以传递一定的观点，引发用户的思考。设计师通过有温度的产品包装和用户建立情感，使包装更好地为经济效益服务，推动品牌价值的实现。

课后实践

实践题目：农产品体验包装的设计与制作。

考核要点：1. 视觉设计符合农产品属性。

2. “体验”的元素运用准确。

3. 包装结构合理，设计新颖、便于使用。

4. 画出平面图、结构示意图，不需要做实物。

第七章
走向国际的中国包装

课前思考

1. 中国的包装设计在国际上的地位如何?
2. 中国的包装设计有属于自己的基因吗?有的话,请举例说明。

目前,我国包装工业总收入已跃升至国民经济42个主要产业中的第14位,正努力由包装大国向包装强国过渡。我国包装产业的发展,从20世纪80年代初期起步,经过30多年的建设发展,已经建成了涵盖设计、生产、检测、流通、回收利用等产品全生命周期的较为完善的体系,包括包装材料、包装制品、包装装备三大类别和纸包装、塑料包装、金属包装、玻璃包装、竹木包装五大行业包装产业,在服务国家战略、适应国计民生需求、建设制造强国、推动经济发展中做出了重要贡献。在经济全球化的进程中,中国包装及包装产业逐渐融入到全球化中,越来越多的品牌包装、包装设计机构和包装设计师在世界经济中崭露头角,为国际包装产业的发展贡献着中国智慧。

第一节 中国包装走向国际的探索

据查,清末以前我国市场上出售的货品包装大多以纸质包装材料为主,如药品、食品、纺织布料等,都是一张“包装纸”,其差别在于不同的货品,纸包装的大小、厚度、数量以及捆扎方法略有不同。直至鸦片战争后,这种状况开始发生转变。在“西风东渐”中外来的包装设计思想、包装材料、印刷工艺等逐渐改变了我国包装的发展进程,尤其是在民国时期的上海,在外来文化的影响下,上海各类商品的包装设计中,明显表现出了中西融合的风格,体现在图案、文字、装饰、材质等多个方面,不但在当时有力推动了中国包装设计的发展,而且也为当代的中国包装设计在如何处理古与今、中与西的关系上提供了丰厚的启示和借鉴(图7-1)。

民国时期,很多设计者在一些以图案呈现为主的商品画面表现上进行了创新,其中以月份牌最为典型。上海成为国际通商口岸后,很多西方厂商借鉴和运用了在中国最有群众性的(民间年画中)配有月历节气的“历画”样式,从而对倾销商品进行宣传,由此诞生了兼具商品和宣传两种属性的月份牌。在具体的画面表现上,创作者先是采用花卉、山水、美人等中国传统绘画题材,然后运用西方的炭精擦笔肖像画和水彩画技法,将素描的层次和立体感进一步展现出来,最后用工笔画技法再将人物勾勒出来,涂上水彩,经印刷,最终获得了清晰、明快而生动的画面效果,实现了审美和实用的有机统一(图7-2)。“月份牌”式的表现风格在今天的

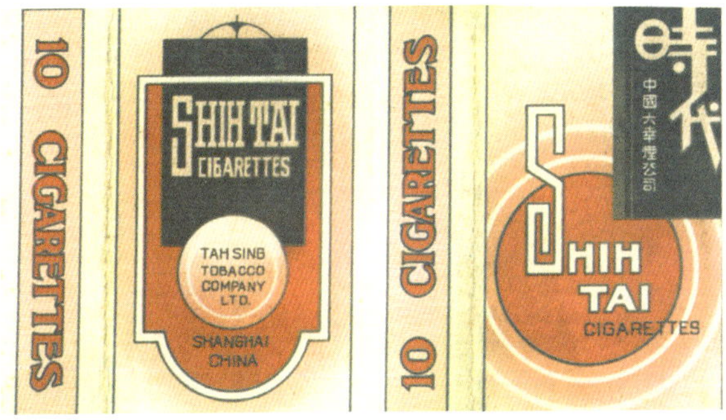

图7-1　时代香烟包装

图7-2　影星香烟包装

图7-3　石库门黄酒包装/设计：赵佐良

图7-4　忠孝香烟包装

商品包装中依然实用，并成了海派文化的重要组成部分（图7-3）。为了满足上海洋人的购买需要，同时便于产品的出口，当时很多厂家在商标上标注了英文，在包装字体上也采用了中英文对照的形式。虽然这在今天看来是再普通不过的，但是在当时来说却是从无到有的新发展。这些英文的出现，体现出的不仅是包装设计效果的变化，更体现出了民国时期诸多厂家求新求变、积极融入国际的经营理念（图7-4）。民国包装设计在文化的冲击下，形成了鲜明的兼收并蓄的时代风格，探索出了一条在新的时代环境、新的机遇和挑战下找准自身的发展方向，将中西、民族性与时代性相结合的设计道路。

新中国成立后，百废待兴，中国的包装设计基本上处于停滞的发展状态。随着国家建设步入正轨，中国现代包装设计得到相应的发展。为了创汇，不少中国的产品也出口到国外，包装作为商品的一个重要部分，也随之走向了国际。龙凤香水就是其中的一个典型案例。1978年，由上海日用化学工业公司设计、上海家用化学品厂生产的美加净牌龙凤香水问世。1984年，龙凤香水第一次出口到香水王国——法国，这是之前在我国历史上从未有过的。美加净龙凤香水为国家创汇做出了不小的贡献，它的包装由著名设计师顾世朋先生设计。其造型以小巧精致的玻璃瓶为母体，整个瓶身以正圆形为基础，下方切平，在保持造型单纯、完整的同时，巧妙地迎合了瓶体放置稳定的需求；瓶身采用镀金铝合金材料，并刻有金黄色龙凤图案（龙凤是中国的传统纹样，寓意富贵吉祥），不仅凸显了产品的高雅和华贵，更体现了浓郁的中国特色；旋钮式瓶盖造型圆润、柔和，瓶体中间的透明部分是用于储藏香精，其正圆形造型和瓶体造型相吻合，透明的高铅玻璃材质凸显了香精调制出的黄金液体的色彩，同时，也为品牌名称和商品名称的设计提供了优美的“背景”（图7-5）。

此外，龙凤香水的瓶体外设计了一个做工极精细的蛋壳形缎盒，从而使产品整体看上去造型别致，古朴典雅。打开缎盒后有让产品有“闪亮登场”的感觉，收起后又是一件精美的摆设。外壳上刻着样式别致的山水画，透出浓浓东方艺术的神韵。瓶体中央印着香水的英文名——“MAXAM Dragon Phoenix Perfume”，黑字金底的搭配显得格外精致华丽。与英文遥相呼应的是包装缎盒底部的香水的中文名“美加净龙凤香水”，这四个字采用黑色字体，而“美加净”三个字采用红色的书法体，与“龙凤香水”的字体有所区别，整体以金黄为底，外部用红色勾勒，与缎盒的纹样区分开来。

如今，走向国际的中国包装将中国的传统文化和中国现代包装设计理念带向了世界。借助于包装这个载体，中国人的风俗习惯、审美喜好、价值观念等逐渐走进多元化的世界环境。例如，鹿啄泉矿泉水公司出品了一款家庭饮用水（图7-6），其包装改变了原来桶装水的设计，将桶装水的包装材料换成可以降解的盒装材料，这样可以使每一个包装节约80%的塑料使用量，而且包装材料是100%可降解材料；同时桶装水的木框架结构采用的是中国传统建筑的榫卯结构，其特点是不用钉钉子，用构件的凹、凸相结合的方式连接加固，为人们的生活提供便利的同时，也减少了对环境的影响。同时鹿啄泉的包装选择了独特的BIB（Bag In Box）盒装袋设计，水袋采用食品级复合铝膜包装，具有良好的隔光、隔热、隔气性能，其自带原装进口锁鲜龙头，利用正压力单向出水，全程有效阻隔空气进入，避免在开启状态下的二次污染，保证饮水健康安全。

中国包装设计迈向国际舞台的进程中，也给我们提出了一个问题：如何在民族化与国际化中保持一种平衡？就我国的包装设计发展现状而言，由于我们正处在一个现代化、信息化的社会，新材料、新技术的不断涌现使我们目不暇接。与此同时，新思想、新观念以及国外的各种艺术思潮不断地涌入

图7-5　龙凤香水包装/设计：顾世朋

图7-6　鹿啄泉饮用水包装/出品：鹿啄泉矿泉水有限公司

进来，对本民族的传统文化带来了前所未有的冲击，同时也带来新的发展契机。新的理念和思维方式的导入对我们重新审视传统文化观念提供了更多的思考维度，新技术、新材料的出现，也为传统造型的再设计提供了更多的可能性（图7-7）。在这种局面下，如何处理民族化与国际化的关系自然成为一个棘手的问题。

民国时期的上海包装设计在国际化的进程中进行了初步的探索，立足于传统文化，吸收、消化、创新外来文化和艺术的表现方式，这对当下我们的包装设计发展依然有着启示价值。走向国际的包装如何将民族化与国际化结合起来，这对业界来说是一个长期的研究命题。包装设计的发展和提升是建立在民族的思想意识、精神和国际先进的材料技术有机结合的基础之上的。因为任何一种新的民族形式的创造，是需要我们透过民族的物化表象进入深层的精神领域，去探寻民族精神之源的，因此，我们在处理民族化和国际化时，需要深入领悟民族的艺术精神，在充分认识各种设计思考的基础上，兼收并蓄，融会贯通，寻找现在与过去的契合点，打造出既符合民族心理，同时又能被国际社会所认同的民族性与国际性结合的包装设计，这是优秀包装设计的特征之一。包装设计的民族性同国际性的结合，不但使包装设计的思想不断更新，也使民族性紧跟时代的变化，并呈现出既具有时代特性又具有民族特色的包装，既满足了本民族消费者的心理需求，又不至于使自己的设计被时代所抛弃（图7-8）。

中央美术学院王敏教授认为，在全球化的进程中，许多民族都在为保存自己的本土文化而努力，设计师在全球化与民族化、一体化与多元化之间扮演着十分重要的角色。设计师是文化沟通的使者之一，他们的价值体现在正确理解本土文化和全球文化的互动关系上。日本设计师在第二次世界大战以后，根据本国的特点，采用所谓适合国内市场和国际市场的“双轨制设计”发展之路为我们提供了发展参照。越来越多

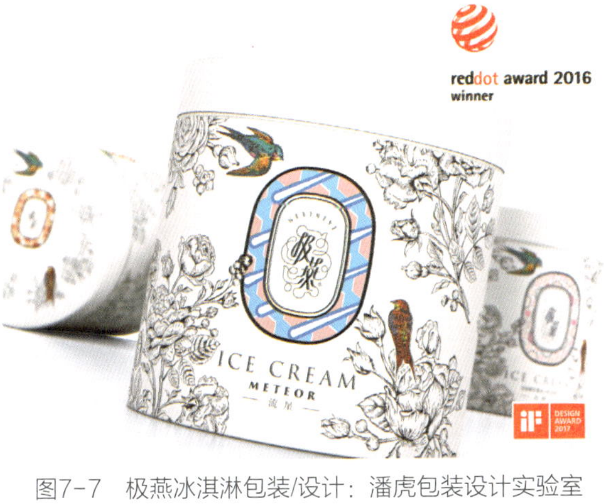

图7-7　极燕冰淇淋包装/设计：潘虎包装设计实验室

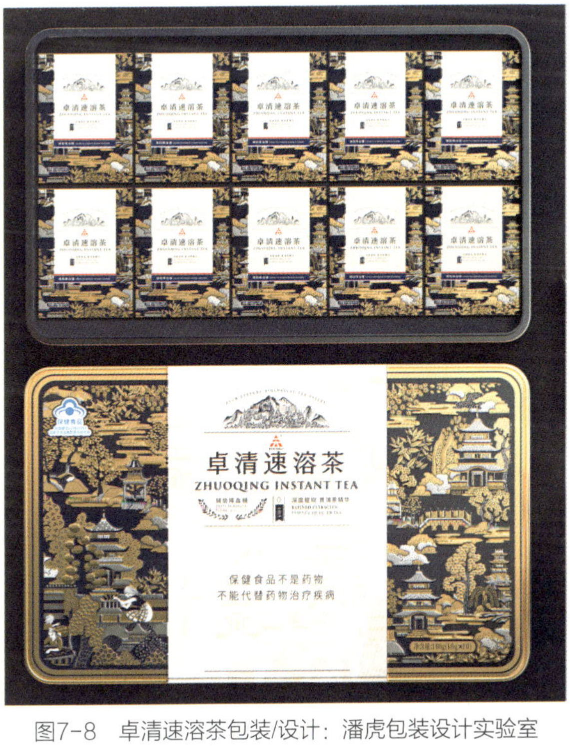

图7-8　卓清速溶茶包装/设计：潘虎包装设计实验室

图7-9 “宋”茶包装/设计：林少斌

的中国包装设计师在民族化与国际化融合的过程中积极努力地探索，也取得了一些成绩。中国包装设计语汇和东方美学不断地走向世界，走向国际的中国包装亦在探索中形成中华民族的答案（图7-9）。

第二节　国际竞赛中的中国包装设计

国际设计奖项能够促进良好设计的产生、提高设计标准，并成为各行业良好设计实践的基准。德国、日本、韩国等设计高水平国家，在设计发展初期都通过设计奖来提升设计能力。德国为了刺激二战后萎靡的经济，设立了红点奖和IF奖来激发创新热情。在日本，由于二战后收到很多来自英国的抱怨，认为日本的纺织品盗用了英国的设计，为了鼓励和推动原创设计、解决仿制问题，1957年日本国际贸易与工业部设立了G-Mark奖，以此全面改善产业发展和国民生活。20世纪八十年代，在韩国制造业严重依赖对国外产品进行修改或模仿的情况下，韩国政府制定了十项促进设计发展的战略任务，其中包括“好设计奖励计划”中的“好设计奖”（Good Design Selection）。另外，韩国工业设计师协会发起了“韩国工业设计奖”，每年与韩国《中央日报》联合评选出优秀的设计作品。当前，国家政府、产业界和学术界都意识到了设计奖对促进创新的重要作用，因此，国际竞赛越来越被中国的产业界和设计界所认可，也有越来越多的企业、设计机构和设计师借助国际设计竞赛平台走向了国际，这也让设计的经济和社会价值日益凸显。设计对经济系统产生了巨大的影响，设计的经济价值得到更加深入的理解和应用，且被视为一种提升竞争力的战略工具（图7-10）。

对于包装设计而言，不少的国际设计比赛都有包装设计类别，比如德国的红点设计大奖、iF设计奖、世界之星奖，意大利A’设计大奖赛，美国IDEA奖等。这里，我们以Pentawards奖为例，来看看在国际比赛中中国包装设计的情况。创办于2007年的

图7-10 尊尼获加威士忌蓝牌限量版包装/图片来源于网络

图7-11 今麦朗“凉白开”饮用水包装/潘虎包装设计实验室

Pentawards被视为全球包装设计领域中最有声望的专属竞赛，是全球首个也是唯一的一个专注于各种包装设计的竞赛，素有“包装设计界的奥斯卡”之称。该比赛致力于提高包装设计质量与创作人员的专业水准，设置了55种不同的竞赛类别，各类型的包装设计均可以与同性质的设计创意一决高下。这就意味着一瓶红酒不会拿来与啤酒进行比较、洗衣粉不会与园艺材料竞争，甚至连香水与化妆品也有独立的分类。参加竞赛的包装设计师、设计专业学生、品牌拥有者以及包装生产商，可将其包装作品在全球范围内进行比较，并向全世界展示自己设计的独特创意以及专业水准（图7-11）。

进入21世纪后，中国的包装设计界对Pentawards大赛的了解逐渐深入，参与比赛的品牌和设计作品也逐年增加。国内设计师在Pentawards大赛中获奖的作品也越来越多，由2009年的3件增长到2021年的72件。通过对2009年至2021年Pentawards大赛获奖作品数量进行初步的整理，将中国获奖作品数量绘制成下面的表格（表7-1）。通过表格我们可以看出，中国的包装设计在国际上得到了一定的认可。截至2021年，中国的包装设计作品在Pentawards大赛五大品类中获得的最高奖项为铂金奖，分别为2014年彭冲设计的食品类包装设计作品《黔之礼赞》（图7-12）；2018年深圳凌云创意设计的饮料类包装设计作品《五独国粹》（图7-13）；2020年智晓波设计的食品类包装设计作品《农夫望天辣椒酱》；2020年上海念相品牌设计咨询公司设计的身体护肤品类包装设计作品《稚优泉》（图7-14）；2021年小米有品设计的品牌与消费者类包装设计作品《正大食品“吃肉”午餐肉包装》。深圳凌云创意、潘虎包装设计实验室、上海视觉艺术学院、湖南工业大学等设计机构和教育机构频频出现在获奖名单上。在Pentawards这个展示全球包装水平的平台上，中国包装界人士将中国包装设计文化和设计成就展现了出来，让国际包装同行了解中国包装，中国包装及品牌也走进了国际视野。

表7-1　2009—2021Pentawards大赛中国获奖作品统计

年份	钻石奖	铂金奖	金奖	银奖	铜奖	学生奖	总计
2009	0	0	1	0	2	0	3
2010	0	0	1	1	1	0	3
2011	0	0	0	4	2	0	6
2012	0	0	0	3	4	0	7
2013	0	0	2	2	4	0	8
2014	0	1	1	6	9	0	17
2015	0	0	4	7	4	0	15
2016	0	0	3	7	13	0	23
2017	0	0	3	8	17	0	28
2018	0	1	8	9	8	1	27
2019	0	0	19	21	16	0	56
2020	0	2	10	21	30	0	63
2021	0	1	20	25	26	0	72
总计	0	5	72	114	136	1	327

图7-12 “黔之礼赞”米包装/设计：彭冲

图7-13 “五独国粹”酒包装/设计：凌云创意

图7-14 稚优泉护肤品包装/设计：上海念相品牌设计咨询公司

国际设计奖项作为一种呈现和传播行业成功典范的活动为中国的设计产业提供了学习的平台和参与国际竞争的通道。中国的企业、包装设计机构和设计师通过参与国际包装比赛不断地更新认知和视野，通过学习他人的成功案例来获得新的知识，使自己能够在不断变化的环境中保持良好的设计能力。国际包装设计奖作为优秀设计的展示和传播平台已成为设计师获得设计知识的来源，设计师不断学习他人的成功经验来丰富自己的“知识储备池”，使自身的设计能力得到提高，这成为企业实施创新的前提和基础。同时，借助于国际设计奖，中国包装作品正在不断推广中国的品牌和产品（图7-15）。

图7-15 丈人山食品包装/设计：四川古格王朝品牌设计公司

第三节　中国包装设计的主体性崛起

中国的设计观念和设计教育是在西方文化的冲击下开始发展的。经过百年的摸索，中国的包装设计界在模仿和吸收转化中前行。中国的设计教育和设计产业在近二十年内取得了突飞猛进的进步，一批又一批新中国自主培养的各行各业的设计人才正在不经意间改变着我们的生活细节，提升国人的生活品质。中国制造业的强势发展为中国包装产业提供了扎实的产业基础，诸多的主客观因素助推中国包装设计的主体性崛起。

北京大学艺术学院的祝帅认为，中国设计主体性是指在设计过程和结果中，凸显中国文化的自觉，强调中国立场、中国风格、中国精神，以为解决中国问题提供设计实践方案为己任。一方面，它要满足一般性设计的最基本的要求；另一方面，要在此基础上突出中国文化的色彩。一言以蔽之，是一种“中国”意识的崛起和理论的自觉。就包装设计实践而言，自民国以来，集体无意识地探索中国包装设计道路，形成中国特色的包装设计风格已成为一种路径（图7-16）。在国际知名的设计比赛中，中国的包装设计作品具有较为鲜明的设计语言。因为中国五千年历史中诞生的诸多文化元素、符号已成为中国包装设计主体性建设和探寻的重要层面，这些文化符号被保存、研究和进行国际传播（图7-17）。

图7-16　酒鬼酒包装/设计：许燎源

图7-17　汾酒包装/设计：潘虎包装设计实验室

图7-18 “封老爷”红茶包装/设计：潘虎包装设计实验室

获得2015年Pentawards奖银奖的“封老爷”红茶包装设计就是其中一个例子。封老爷是民国时期中国云南一位有名的乡绅，他把普洱茶的大叶种茶树引入风景优美的高黎贡山国家级自然保护区，造就了今天的普洱茶为人称道的地位。封老爷品牌商联合潘虎包装设计实验室，立足于品牌文化，通过包装设计讲述品牌故事。“封老爷”红茶包装追溯了百年之前民国时期的设计风格，用当时报纸的版式讲述封老爷自始至终执着追寻茶道根源的故事，稳重、舒展的品牌名字展现品牌的大气，具有条理的竖排小文字密集出现，让包装呈现出有序的节奏感。优美的书法文字、红红的印章，这些符号让整个包装既富有现代审美风格，又具有历史文化感（图7-18）。

随着时代的发展，包装设计被赋予越来越多的文化内涵，不仅成为向全球宣传中国传统文化的交流出口，也成为了一项民族精神的象征符号。因此，很多设计师在设计产品包装时，不再单纯只为了审美而设计，而是将包装赋予更多的民族精神。例如，与包装设计联系紧密的“匠人精神”，就是展示中国民族精神的一个重要内容。“贻井坊-匠心”是一款来自中国山西的白酒产品，产品名称的由来与中国的酒文化有着密不可分的关系。在古代中国，一些制造业的企业或场所被称为“作坊”，简称为“坊”。设计机构深圳凌云创意从“坊”字着手构思，欲给包装增添一些“纯手工”的味道，给人带来一种返璞归真的气息，而这种“纯手工”就代表着一种“匠人精神”——执着、投入。凌云创意将这款产品的小名定为“匠心”，匠人之心的那种纯粹，更多是源自于他们眼睛所见和双手所感并最终汇聚于脑的心灵感知，也就是“手眼通心”。为了更好地表达匠人精神，设计师在外包装上采用了多种元素来体现对匠人们“手眼通心”的理解，如在容器方面，力求质朴和简约，将要说的全部汇聚于一点，让观者更多是用心去感受产品纯粹、独特的品质（图7-19）。该作品获得了2018年Pentawards奖的银奖，在某种程度上证明了中国式的设计表达得到了国际同行的肯定。

在全球化的大背景中，我们必须看到倡导中国设计主体性的建设，并非是与全球化的潮流分道扬镳，而是凝练自身的优势，以带有主体性的中国设计建立国际设计新秩序，回应全球化的挑战。我们在国际竞赛中看到的中国获奖作品大多都是用现代化的设计语言讲述中国故事的（图7-20）。设计作为一种视觉文化、视觉传播手段，其视觉语言全世界通用，西方读者和设计界对于中国设计的接受不存在技术上的障碍，因此，中国设计完全可以充当中国文化走向世界先导的角色。当下的中国包装设计在主体性上取得了一些成绩，但要实现中国包装设计主体性的可持续发展，进而把这种优势拓展到其他设计门类，乃至设计之外的其他学科、其他领域，仍然还有很多问题亟待解决。

图7-19　贻井坊-匠心酒包装/设计：凌云创意

图7-20　“发”香烟包装/设计：潘虎包装设计实验室

🔗 课后实践

1. 收集有关包装设计领域的知名获奖作品、前沿论文、相关研究成果，并进行学习。
2. 中国包装行业的未来走势及发展，以及目前存在的问题有哪些？怎么解决？请思考。

参考文献

[1] 张红辉．现代包装设计理念变革与创新设计[M]．北京：中国纺织出版社，2019.
[2] 朱和平．现代包装设计理念及应用研究[M]．北京：人民出版社，2008.
[3] 朱国勤，吴飞飞．包装设计[M]．上海：上海人民美术出版社，2007.
[4] 陈丽伶．民间生态包装的设计智慧[J]．包装工程，2020（22）.
[5] 胡艳珍．论回归自然的原生态包装设计[J]．装饰，2009（9）.
[6] 冯小红，李淳．从“世界之星”包装奖评选标准论包装设计的本体价值[J]．绿色包装，2016（7）.
[7] 何洁．包装设计[M]．北京：清华大学出版社，2018.
[8]（美）玛丽安 · 罗斯奈 · 克里姆切克，桑德拉 · A · 科拉索维克．包装设计：成功品牌的塑造力——从概念构思到货架展示[M]．上海：上海人民美术出版社，2021．6.
[9] 何洁．现代包装设计[M]．北京：清华大学出版社，2020.
[10] 张婷婷．基于现代消费者行为学的包装趣味性研究[D]．东北林业大学，2010.
[11] 颜沁梅．趣味元素在包装设计中的应用[D]．东南大学，2018.
[12] 魏力敏．纸盒包装结构形态的趣味性设计[J]．包装工程，2007（12）：190-191.
[13] 张迎新，国潮．崛起正当时[J]．中国眼镜科技杂志，2021（4）：7-11.
[14] 清华大学文化创意发展研究院课题组．国潮是“风”还是潮[J]．风流一代，2020（10）：24-25.
[15] 李艳，刘秀，陆梅．“国潮”品牌发展趋势及设计特征研究[J]．设计，2020（5）：71-73.
[16] 侯梦．“国潮”背景下传统图案在包装设计中的应用探究[J]．绿色包装，2020（12）：43-46.
[17] 孙嘉．老国货-新国货-国潮，是商品也是文化[J]．美术观察，2021（2）：26-28.
[18] 张培婷，沈雷，陈涵．基于三维虚拟试衣系统的国潮设计方法研究[J]．丝绸，2021（11）：113-120.
[19] 冯明兵．论“国潮”设计中传统文化的善用与创新[J]．美术大观，2021（1）：158-159.
[20] 闵洁．当代书籍设计中活化传统文化元素的路径分析[J]．编辑学刊，2020（5）：81-86.
[21] 柯胜海．智能包装设计研究[M]．南京：江苏凤凰美术出版社，2020．8.
[22] 王展，钟云飞．基于印刷电子的智能包装研究与应用[J]．数字印刷，2020（5）：16-25.
[23] 赵冬菁，仲晨，朱丽，等．智能包装的发展现状、发展趋势及应用前景[J]．包装工程，2020（13）：72-81.
[24] 李祎，肖敦逸，吴岳忠，等．基于知识图谱的智能包装研究现状与发展趋势分析[J]．包装工程，2021（21）：6-10.
[25] 龙婷同．基于用户体验的智能日化产品包装设计[D]．湖南工业大学，2016.
[26] 张艳琦．智能材料型包装的视觉形态与审美特征研究[D]．西北大学，2021.

[27] 章登科，韩田程，俞朝晖，等. RFID技术及其在智能包装中的应用[J]. 包装工程，2018（1）：6-9.
[28] 郑隆举，刘昊，郭中华，等. 二维码技术及其包装防伪应用浅析[J]. 中国包装工业，2015（4）：121-122.
[29] 张丁伟，陈烈胜. 智能交互在果蔬生鲜包装中的设计与研究[J]. 包装工程，2021（4）：202-209.
[30]（美）玛丽安·罗斯奈·克里姆切克，桑德拉·A·科拉索维克. 包装设计：成功品牌的塑造力——从概念构思到货架展示[M]. 上海：上海人民美术出版社，2021.
[31] 徐东. 绿色包装应用与案例[M]. 北京：文化发展出版社，2018.
[32] 许彧青. 绿色设计[M]. 北京：北京理工大学出版社，2013.
[33] 王彬南. 基于绿色理念的产品包装设计与研究[D]. 沈阳建筑大学，2017.
[34] 陈吉. 我国绿色包装伦理研究[D]. 湖南工业大学，2016.
[35] 王晓萌. 产品包装绿色设计的研究[D]. 华北电力大学，2017.
[36] 熊思奕. 可复用包装的设计研究[D]. 中国矿业大学，2019.
[37] 张明. “零包装”：包装设计的存在之思与发展之途[J]. 装饰，2018（2）：37-41.
[38] 张华，王海峰. 情感与体验：非物质语境下的包装创新设计[M]. 长沙：湖南师范大学出版社，2018.
[39] 王旭. 基于用户体验的大米包装设计研究[D]. 华南理工大学，2019.
[40] 郝秀梅. 基于情感表达的体验式包装设计探究[J]. 包装工程，2014（14）：5-8.
[41] 罗小燕，郝一畅. 基于交互理念的食品包装设计探究[J]. 包装工程，2019（16）：67-71.
[42] 彭冲. 交互式包装设计[M]. 沈阳：辽宁科学技术出版社，2018.
[43] 沈榆. 1949—1979中国工业设计珍藏档案[M]. 上海：上海人民美术出版社，2014.
[44] 祝帅. 国风、国潮与中国设计主体性的崛起[J]. 装饰，2021（10）：12-17.
[45] 周坤. 设计师视角下工业设计奖的设计知识流动研究[D]. 广东工业大学，2020.
[46] 唐未兵，等. 中国包装产业的新方位[M]. 北京：人民出版社，2018.